Le rendez-vous des civilisations

文明の接近

「イスラーム vs 西洋」の虚構

Emmanuel Todd
エマニュエル・トッド
Youssef Courbage
ユセフ・クルバージュ

石崎晴己＝訳・解説

藤原書店

Youssef Courbage
Emmanuel Todd

Le rendez-vous des civilisations

日本の読者へ

エマニュエル・トッド

（聞き手＝イザベル・フランドロワ）

――この本がどのような論争のきっかけになって欲しいと、お考えなのですか。それから、日本の観点が重要であるのはどのような点においてなのですか。

この本の目的は、人類がいくつかの部分に分割されているとする見方を拒否することであり、とりわけ本書は、現在定着しつつある、近代性とは西洋固有の事柄であるとする一種西洋主義イデオロギーともいうべきものと闘うものです。このイデオロギーはもちろん、西洋の対極にイスラームを置き、人類の中のイスラームという部分には、近代化の能力もなければ、民主主義を実現する能力もなく、発展の能力もないとするのです。それに対して本書は、イスラーム諸国とキリスト教系の諸国との間に存在する差異は、本質的な、本性上の違いではなく、時間的ずれに由来する差異であることを示そうと努めています。イスラーム諸国に大きな遅れがあることは明らかです。

日本についてですが、日本は近代性の観念をヨーロッパの独占から救い出した国ですから、日本もしくは日本的観点はこの論争の中で重要な役割を果たします。ヨーロッパからは、日本という国は常軌を逸脱した存在と見られていました。日本の発展への努力は、一時は憫笑を誘ったものです。日本はヨーロッパ諸国と同じように移行期危機を経験しましたが、あくまでも外の国として扱われました。現在、現段階においては——この点は本書の中で記しましたが——日本の近代性に異議を唱えようとするものは誰一人いないでしょう。日本の近代性は単なる西洋化にすぎないと言う者はいないでしょう。誰にとっても、日本は近代的でしかも日本的であるというのは明らかです。日本は日本のままであっても、なおかつ日本の民主主義的制度機構が存在すること、日本の科学技術能力の優れていることに、異議を唱える者はだれもいないでしょう。

――それではあなたは、日本人に何を期待されるのですか。

日本に対する私の態度は常に同じです。つまり私個人としては、日本がもっと論争に介入して発言してくれるのが好ましいのです。だからと言って、発展という観点からは全体として非常に遅れているイスラーム圏を、日本と類似した存在として示そうという積りではありません。そんなことは全く考えられません。そうではなく、日本人は論争に介入して、西洋人――つまり欧米人――に対して、近代性は彼ら西洋人だけのものではないということを「思い起こさせる」のに、とりわけ絶好の立場にあると思うのです。西洋以外にも、発展し近代化する能力を有する大文化がいくつもあり、それは西洋の色あせたコピーであるに違いないなどと考えざるを得ないいわれは少しもないのです。

――あなたは日本とは特別な関わりがあるようにお見受けしますが。

私が特別な関わりを持つ国というのは、実は二つあります（あくまでも個人的なレベルの話で、フィールド・リサーチや特殊な知識のレベルで関わりがあるわけではありません）。一つは日本で、これは私が行ったことのある国です。もう一つはイランで、私は行ったことはありませんが、大勢のイラン人と議論をするに至った経緯があります。日本とイランは非常に異なります。気質も違います。しかし私のフランス人としての観点からすると、この二つの文化は、非常に古い文化であり文明でありながら、近代化の過程を歩み始めた文明なのです。この類似にはしばしば心を打たれました。

例えばトルコの例を見てみましょう。トルコ人の頭の中では、近代化の観念と西洋化の観念が混同されています。トルコ人にとっては、近代化するというのは、ヨーロッパを模倣するということです。これは実に明瞭です。EUに加盟したいという欲求はこうしたところから来るのです。そして最終的に彼らは、ある意味で隷属状態に身を置いてしまいました。

そして本書の最も意外な様相の一つは、あの悪魔扱いされているイラン、女性が黒いヴェールをまとっているあのシーア派の国、イランが、人口学者の目から見ると、実はすでにトルコに比べて進んでいるということを示したことです。本書の議論は何と言ってもやはり人口学的な議論であり、私の共著者、ユセフ・クルバージュは、イスラーム圏の人口動態の世界規模での最良の専門家の一人です。そして私がイラン人と交わした議論の中で明らかになったのは、彼らは自分自身であるのを止めることなく近代化しようという、全く健全で正常と考えられる姿勢、トルコ人の態度よりはるかに健全な姿勢を保持していることなのです。そして私としては、日本人は正しくこれと同じことをすでに為し遂げたのであり、自分自身を捨て去ることのない近代化というものの成功例であるのですから、世に流布しているあらゆる否定的なイメージにも拘らず、あらゆる偏見にも拘らず、日本人は本書の中で呈示されているイランの逆説を理解するのに特に好適の立場にいるということが、よく分かるだろうと思います。

——この本の基盤をなす命題は、不安を取り除くことを目標にしているわけでしょうか。

私にとって明らかになったことは、本書は天使のような本では全くないということです。イスラーム圏ではすべては素晴らしい、などと述べる本ではないのです。本書は、危機の存在を否定しませんし、暴力の存在も否定していません。単に、その危機は正常な移行期危機であると言っているのであり、西ヨーロッパ諸国でも、ロシアでも、中国でも、日本でも、その危機と同じようなものはかつてあったのだ——日本は軍国主義という危機を経験しました——と言っているのですから、その意味で本書は天使のような本では全くありません。しかしまた、その最も根底的な命題である、文明の対話というのは、それぞれが神へと至る特別の道に他ならない宗教と宗教の出会いを意味するわけではないとする点でも、やはり天使的な本ではないわけです。宗教それ自体は現実の衝突要因を抱えていません。本書の最も根底的な命題は、イスラーム教は、キリスト教と同様に、俗世間の非宗教化と信仰の消滅にまで行き着くことができる、というものです。そしてそのことを理解するのに、日本人は最適な立場にあると、私は考えます。日本はかつて数世紀にわたって非常に仏教信仰の盛んな国で、活発な宗教的意思を持っていましたが、今では完全に「脱仏教化」しています。宗教への無関心というもの以上に、日本人とヨーロッパ人を近づける共通点はないのです。

これは本書の中に直接記されていることではありませんが、私としては言い添えておきたいと思います。それは、本書はイスラームについて楽観的で、人々の不安を取り除き、不安を静めるような本であろうと努めている、ということです。イスラームはその移行期危機の中にあるのであって、テロリズムや暴力といったことは、すべて過去に起こったことなのだ、そしてテロリズムの問題の解決は、警察の捜査やシークレット・サーヴィスの有効な活動の中に見出されるのであって、イスラーム圏の核心部に攻撃を仕掛けることの中に見出されはしない、こうしたことを本書は言っているのです。

しかし最近はもう一つ別のことが出て来ました。例えばフランスのような国で、イスラームに対する不安はやはり誇張されています。われわれはテロリズムが猖獗を極める世界に暮らしているわけではありません。毎朝パリでメトロに乗るのは、テロ攻撃の恐怖におびえながらだ、というわけではありません。ある意味で危険は全面的に過大評価されているのであり、世界の現実は、9・11なのではないのです。世界の現実とは、イラクにアメリカ軍部隊がいるということ、イスラーム諸国が攻撃されているということです。ですからイスラームに対する懸念というのは、やはり誇張されているということになります。そして私は、フランスの非宗教性への強迫観念について考え、イスラームは非宗教性とは相容れないとする主張についてじっくりと考えた末、ついに次のような結論に到達したのです（これについては私は何も記しておりません。本書の中には一切触れられていませんん）。すなわち、イスラームをめぐる強迫観念の一部は、イスラームそれ自体とは何の関係もない、ということです。もちろんイスラーム圏は、脱宗教化が深層で進行しているにしても、まだまだ神への信仰が健在の地域であることは、間違いありません。

しかしイスラームに対する強迫観念の一部は、西洋そのものの危機と関係があるのです。つまりヨーロッパ人は、宗教的信仰なしの状態で生きようとする段階に到達しました

——アメリカ人は宗教的言辞において多弁ですが、この点ではヨーロッパ人と大した違いはないと思います——が、グローバリゼーションという経済的コンテクストによって、山ほど積み上げられた問題を突きつけられているのです。そしてどうやら何かしら、イスラームとは関係がないけれども、あまり上手く行っていない西洋それ自体の病と関連することが、どこかでうごめいているような気がするのです。

二〇〇八年一月八日

文明の接近　目次

第6章　アラブ圏以外の大中東圏　153

第7章　共産主義以後　189

文明の接近

「イスラームVS西洋」の虚構

凡例

一　本書は、Youssef Courbage et Emmanuel Todd, *Le rendez-vous des civilisations*, Éditions du Seuil et La République des Idées, septembre 2007. の全訳である。

二　原文でのイタリック強調は訳文では傍点とした。

三　訳者による補足は〔　〕で表記し、本文中に挿入した。

四　（　）は原則として原書中に用いられている場合のみに限って用いた。

五　原注中の書名については、原文のまま提示した。

序章

文明の衝突か、普遍的世界史か

イスラームを近代化を撥ね付ける宗教として提示するのは、昨今、だれもがやるありふれた手口となっている。このようにして、にわか仕立ての神学者たちは、マホメットの生涯とコーランを覗き込んで、イスラーム圏の諸悪の根源と彼らが考える、手の施しようのない精神的・文化的停滞の原因を探り出そうとする。こうした新種の碩学に言わせれば、イスラーム原理主義とは、イスラームと西洋の本質的な敵対性の表現に他ならない、ということになる。

この試論は、こうした悲観的で攻撃的な分析が表面的なものにすぎないことを、示そうとするものである。その野心は、世界とその変遷について異なる別の理解の仕方を提唱することである。「文明の衝突」は起こらないだろう。それどころか、社会と歴史の底流を示す指標を検討するなら、「文明の接近」の観念が浮かび上がって来るのである。

それを証明するために、われわれは、全世界的な人口動態分析の用具を動員する。実際、それらの用具が暴き出してみせるのは、モデルの分岐ではなく、大規模かつ急速な収斂なのである。イスラーム圏は現在、人口学的・文化的・心性的革命に突入しているが、その革命こそ、かつて今日の最先進地域の発展を可能にしたものに他ならない。イスラーム圏もそれなりに、世界歴史の集合点に向かって歩みを続けている。往々にして人はそのことを認めたがらないが、それははるかに普遍的な歴史なのである。

先ず最初に、以下のことを確認しておこう。すなわち、人口学者たちは、ここ三〇年前から、イスラーム圏の出生率〔合計特殊出生率、一人の女性が一生に生む子供数〕が激減しているのを目にしている。その平均は、一九七五年に女性一人当り子供六・八であったのが、二〇〇五年には三・七にまで落ちた。イスラーム圏各国の指標は、今ではニジェールの七・六からアゼルバイジャンの一・七までの間に分布している。出生率の指標は、今やイランとチュニジアでは、フランスのそれと同じなのだ。このような激変は、深層の文化的・社会的原動力のなせるわざである。従来の均衡が一変したことを示しているのだ。権威関係、家族構造、イデオロギーの依拠する基準、政治制度、等々が激変に曝されている。そうした中で、出生調節は、広範な人類学的変貌の兆候でもあれば、同時にその起動力でもあるのである。

この動きは、イスラーム圏にのみ特有ではない。他の多くの地域にも関わるものである。実を言えば、最終的にその磁力を免れる国があり得るとは思えない。それは世界のグローバルな歴史の基本的な軸の一つとして、徐々に威力を増しているのである。そしてグローバルな歴史は、地球全体がいくつもの部分に仕切られているというイメージを許容せず、各文化・各宗教は本質的に存在するのだとする見方の失効を宣言する。それこそが、最近三〇年の偉大なる教訓の一つに他ならない。

本書の筆者たちが学生の頃、第三世界の人口は、抑制不可能な際限のない人口増加の道に踏み込んでしまったように見えていた。その増加は、死亡率の低下と人口当り出生率の上昇の組み合せによって引き起こされたものだった。当時は、人口増大と経済の停滞が結びついた悪循環を分析するというのが、社会科学に課せられた図式の一つだった。ところがその後われわれは、すべての大陸が、そして間もなく、ほとんどすべての国が、出生率の制御の過程に踏み込んで行くのを目にすることになる。それは心性の革命が起こったという仮説なしには説明がつかない。経済的変遷だけでは、この大転換の原因を解明することはできないからである。

人口学者が最も妥当とする説明変数は、一人当り国内総生産ではない。女性の識字率である。出生率の指標と女性識字率を結ぶ相関係数は、常に極めて高い。読み書きの習得は、経済的発展水準によって決定されるようには見えないのであり、それゆえわれわれとしては、識字化から発して出生率の低下にまで至る歴史の動きの下に隠れているのは、諸民族の心性の自律的な変遷であることを、認めなければならない。こうして識字化は、普遍的歴史についての古典的な考え方、例えばコンドルセが『人間精神進歩の歴史的概観』で、あるいはヘーゲルが『歴史哲学講義』で示しているような、啓蒙あるいは一九世紀の考え方に、われわれを連れ戻すのである。その流行は終ったかもしれないが、その妥当性は過去のものとなっていない。

とはいえ女性識字化は、心性の変遷の唯一考えられる要因というわけではない。われわれとしては、いずれ男性識字化の重要性を検討することになろう。これは最も正統的なアプローチとは言えないが、イスラーム圏での出生率の低下に関心を抱く者にとっては、特に有効なアプローチである。

われわれはまた、これらの変動の中で宗教の果たす役割にも目を向けることになろう。と言うのも宗教は、人口学においては枢要な変数なのである。いかなる宗教も、人口革命を妨害する力を持つとは思われない。その点ではイスラームも、キリスト教や仏教と同様である。しかし人口学的移行期の歴史を見てみるなら、大抵の場合（おそらくはすべての場合に）出生率の低下に先立って宗教的危機が起こっているのであり、宗教的危機の重要性が分かるのである。イスラーム圏の場合は、イスラーム内部の亀裂、すなわちシーア派の教義とスンニ派の伝統の間の亀裂という宗教上の特殊性が、重要なものとして浮かび上がって来る。ちょうど、キリスト教がカトリックとプロテスタントに分かれたことが、ヨーロッパの歴史の主要な与件となったのと同様である。

しかしながらこのシーア派とスンニ派の区分は、説明のためのほんの第一段階にすぎないということが、やがて分かって来るだろう。スンニ派アラブ圏には、国によっては、強大な固定性が存続しているように見えるところもあるが、そうした国々において最終的な説明変数は、宗教ではなく、特に強力な父系の伝統的家族制度の存在なのである。ところが中東の父系的家族構造は、マホメットの戦士たちの進出より数千年以前から出現している。したがって、場合によっては人口革命の最終段階にストップをかけている硬直した制度の起源は、コーランないしは中世イスラームの伝統にすることは出来ない。聖なる文献の、学問的と称するが内実を伴わない解釈よりは、家族構造の人類学の方がはるかに効果的に、ある種の一時的軌道分岐を説明する手段となる。それに家族制度の分析は、イスラーム教と文化的多様性の関係についての、不安におびえているかのような、ある種の硬直した解釈を厄介払いするのにも、役立つのである。コーランは宗教生活だけでなく、同様に市民生活をも支配しようとしていると警鐘を鳴らす政治的神学者たちがいるが、彼らに対して、イスラーム諸国の国民の多数は、家族生活においても日常生活においても、預言者の伝えた神の言葉が命じる掟から随分と遠ざかっているということを、示すことが出来るのである。

さらにわれわれは、それが必要と思った時には、より古典的な説明変数も利用することだろう。特に経済的説明変数である。生存手段にかかる人口圧力が危険なレベルに達した時には、それだけが独立して出生率に抑止効果を発揮することがある。逆に、イスラーム圏の中心部で厖大な金額に達する石油収入は、人工的な豊潤状況を作り出すがゆえに、ある種の変遷の速度を減少させることになり得る。しかし一たびそれが激減するとなると、麻薬を断ったような効果を発揮して、人口動態を加速化させる特異な効果を発揮するのだ。われわれはまた、人口学的現象が持ち得る、基本原則から独立した政治的側面にも触れることになろう。コソヴォからパレスチナないしマレーシアまで、集団——それを国民集団と呼ぶか、民族集団と呼ぶか、宗教集団と呼ぶかは、理論によって好みの分かれるところであるが——間の紛争によって、イスラーム系住民は他の宗教を奉ずるマイノリティもしくはマジョリティと対立している。マイノリティの中には、出生率を高くすることによって自らを防衛しようとする傾向を見せるものがあるが、これは経験的に確認される現象であり、われわれとしても考慮に入れなければならない。

以上に挙げた諸要因は多様であるが、とはいえ、人口学的移行期の基本的メカニズムと、そのメカニズムを含めた近代化のグローバルな過程とが、それによって損なわれることはない。われわれの論敵たちは、この移行期なるものを口実にして、イスラーム圏が現在抱えている難問、とりわけ経済的遅れと暴力性について納得する、ということはできないと答えるだろう。仮にその言い分が真実だとするなら、逆にそれだけ平和で繁栄する社会の出現を期待する必要があるということになるのではなかろうか？

イスラーム圏の科学技術的・経済的遅れは、疑いを容れる余地がない。その現在の暴力性もまた否定しがたい事実であり、驚くべき規模で遂行される自爆テロといった、歴史的に新たな様相を呈している。とはいえ、アメリカのイラク侵攻は、西洋圏が大量虐殺の全階級選手権保持者のタイトルをむざむざと手放すつもりはないことを、改めて思い起こさせた。その大量虐殺は、ホロコーストとヒロシマを含む第二次世界大戦によって確立され、しかもマホメットの霊的・戦士的な助けなしに達成されたのだ！　しかしそれにしてもやはり、イスラーム圏が今日、原理主義と暴力をかなりの規模で産み出していることには変わりがない。

これらの現象をどう解釈するか、である。西洋の人間は、自分たちの人口学的移行期もまた、無数の争乱と暴力沙汰が散りばめられていたことを、忘れたがっている。今日イスラーム圏で産み出されている混乱は、何か根本的に異なるものの顕現としてではなく、逆に移行期に特有の混迷の従前通りの兆候として理解することが出来るのである。この移行がその最終局面に達しつつある国々では、全体として危険区域はすでに過ぎている。しかし移行がまだ始まったばかりの国々では、混乱のポテンシャルは上がっているので、最大限の警戒態勢を維持するのが適切である。例えば、今日のパキスタンがそのケースに該当する。

人口学的移行過程は、今日イスラーム圏に及んでいるわけだが、これの分析を行なうことは、お分かりの通り、今日の諸混乱についてのもう一つ別の理解の仕方への道を開くことになる。そうした理由から、この分析はより有益なのである。

第一章

歴史の動きの中におけるイスラーム諸国

われわれは、メディアが伝える風評の響きと怒りには目もくれずに、歴史の動きを単純明快に定義し、跡づけることができる。地球全体を覆う識字率の前進が、人間精神の抗いがたい上昇運動の経験的にしてヘーゲル的なヴィジョンを示してくれる。[1]すべての国が次々と、全世界的識字化状態へと向かって足取りも軽く歩んで行く、というものなのだ。この全般的運動の姿は、人類が還元不可能な、敵対するいくつもの文化ないし文明に分割されているというイメージとは、あまり合致しない。ずれはいくつかあるだろうが、例外は存在しない。とりわけイスラームという例外は存在しないのである。

国勢調査は年齢群ごとに結果を示すが、これによって、ある特定の社会において、二〇から二四歳の男性または女性の半数が読み書きできるようになった時点はいつなのかを突き止めることが可能になる。それは過半数が識字化された最初の世代が成年に達する、決定的な転換の時点に他ならない。識字率の上昇は、二〇世紀に入ると、加速度を増す。すべての国が次から次へと、男性識字率五〇％のハードルを越え、次いで、それから要する時間はさまざまに異なるものの、女性識字率五〇％のハードルを越えて行く。

イスラーム諸国、ないし住民の大部分がイスラーム教徒の国々は、先頭集団にはいない（**表1参照**）。トルコは一九三二年頃に男性識字率五〇％のハードルを越えた。アラブ圏の中核をなすヨルダンとシリアは、それぞれ一九四〇年頃と一九四六年頃にハードルを越えている。これはちょうど中国（一九四二年）を囲む形になっている。女性も数年後にハードルを越える。男性に対する遅れは、中国の場合（二一年）よりヨルダン（二六年）とシリア（二五年）の方が、やや大きい。全世界の歴史の尺度から言えば、これらの差異は、意味がないとは言わぬまでも、ごくわずかなものに過ぎない。たしかに北ヨーロッパに較べれば、アラブ圏の中核部は、二世紀の遅れを記録しているが、地中海岸ヨーロッパに対してはわずかに八〇年、日本に対しては七〇年、ロシアに対しては四〇年、メキシコに対しては三〇年の遅れに過ぎないのである。その文化的発達のスピードからすると、アラブ圏中核部は、西ベンガルやタミルナドといったインドの先進的な諸州に近く、また同様にイスラーム圏の外れに位置し、イスラーム諸国中最大の人口を擁するインドネシアにも近い。イスラーム圏の外れに位置するもう一つの国であるマレーシアは、アラブ圏中核部に対しても、隣国インドネシアに対しても、多少の遅れを見せている。男性が識字率五〇％という決定的なハードルを越えるのは、一九五八年頃に過ぎないからである。一九六〇年代には、チュニジア、アルジェリア、イラン、エジプトが、読み書きの世界での転換点に達する。モロッコとパキスタンが彼らに追いつくのは、一九七二年頃に過ぎない。アラブ

表1　世界史における識字化と出生率の低下

（a）非イスラーム諸国

	男性識字化①	女性識字化②	出生率の低下③	①と③の間隔(年)	②と③の間隔(年)
日　本	1850	1900	1920	70	20
イタリア	1862	1882	1905	43	23
スペイン	1865	1920	1910	45	-10
スリランカ	1885	1936	1960	75	24
朝　鮮	1895	1940	1960	65	20
ロシア	1900	1920	1928	28	8
メキシコ	1910	1930	1975	65	45
コロンビア	1910	1920	1965	55	45
タイ	1914	1943	1965	51	22
ブラジル	1915	1945	1965	50	20
ペルー	1916	1950	1970	54	20
フィリピン	1916	1927	1965	49	38
ケララ*	1930	1950	1960	30	10
中　国	1942	1963	1970	28	7
ザンビア	1944	1967	1990	46	23
タミルナド*	1947	1981	1970	23	-11
西ベンガル*	1949	1987	1975	26	-12
ケニア	1955	1972	1977	22	5
カメルーン	1957	1973	1987	30	14
ルワンダ	1961	1980	1990	29	10
パンジャブ*	1961	1981	1975	14	-6
ラオス	1965	1975	1990	25	15
コート・ティヴォワール	1970	1998	1985	15	-13
ネパール	1973	1997	1995	22	-2
ウッタル・プラデシュ*	1975	1997	1995	20	-2
ビハール	1976	2002	1995	19	-7
ラジャスタン*	1979	1997	1995	16	-2
ベナン	1985	*2010*	1987	2	-23

＊印はインドの州名（訳者注）。

表1　世界史における識字化と出生率の低下
(b) イスラーム諸国

	男性識字化①	女性識字化②	出生率の低下③	①と③の間隔(年)	②と③の間隔(年)
レバノン	1920	1957	1950	30	-7
トルコ	1932	1969	1950	18	-19
インドネシア	1938	1962	1970	32	8
ヨルダン	1940	1966	1985	45	19
シリア	1946	1971	1985	39	14
リビア	1955	1978	1985	30	7
サウディアラビア	1957	1976	1985	28	9
マレーシア	1958	1972	1965	7	-7
イラク	1959	2005	1985	26	-20
エジプト	1960	1988	1965	5	-23
チュニジア	1960	1975	1965	5	-10
アルジェリア	1964	1981	1985	21	4
イラン	1964	1981	1985	21	4
ナイジェリア	1970	1983	1983	13	0
モロッコ	1972	1996	1975	3	-21
パキスタン	1972	2002	1990	18	-12
イエーメン	1980	2006	1995	15	-11
バングラデシュ	1988	*2015*	1970	-18	-45
セネガル	1990	*2010*	1990	0	-20
ブルキナ・ファソ	2006	*2020*	1990	-16	-30
マリ	*2010*	*2020*	1990	-20	-30

(注) ①20-24 歳の男性の識字率が 50 %を超えた年。②20-24 歳の女性の識字率が 50 %を超えた年。③出生率が低下し始めた年。イタリックは予測。
(情報源) (a) と (b) について : 年齢ごと、性別ごとの識字率を示す各種人口調査。出生率については、戸籍、国勢調査、各種調査。

圏の最も遅れた部分を代表するのはイエーメンであるが、この国の教育的発達のスピードは、北インドの最も遅れた部分に似ている。イエーメンがハードルを越えるのは一九八〇年頃になってからだが、これに対してウッタル・プラデシュは一九七五年、ビハールは一九七六年、ラジャスタンは一九七九年である。言語的にはインドに属するが、宗教はイスラームのバングラデシュがそこに到達するのは、一九八八年頃のことである。

インドネシア、マレーシア、イスラーム化されたブラック・アフリカ――とはいえ、イスラーム圏の人口の三五％を擁する――を別にして、中央地域のイスラーム大国の特徴は、女性のステータスがかなり低いことである。これは特殊な家族構造に対応しているが、この家族構造については、本書第三章で記述する。ところがある特定の時点における全体的識字化水準というものは、女性のステータスという条件によって大幅に左右されるのである。女性が一人前の成人として扱われないところでは、母親は子供を効果的に育成するための権威を持つことがない。文化の活力はその影響を受けて弱まることになる。しかし確認されるのはブレーキ効果だけであって、完全にブロックしてしまう効果は確認されない。さらにまた、女性のステータスは、儒教と仏教の国たる中国の遅れも、イスラーム教のヨルダンやシリアの遅れも同様に説明するし、ヒンズー教のウッタル・プラデシュの遅れにとっても、イスラーム教のパキスタンやイエーメンの遅れにとっても、同様の説明要因となっているのである。それにこれらの標本全体を見てみるなら、ハードルを越えるについての男性に対する女性の遅れの平均は、イスラーム諸国でも他の国々でもほぼ二五年であることが確認される。識字化速度のこのような測定結果は、イスラームが取り立てて特殊であることを示していない。

家族制度には、女性を優遇するものもあれば、そうでないものもあるわけだが、いずれにせよ家族制度は、教育の進歩のスピードに見られるずれを部分的に説明する。しかしまた、それぞれの国の空間的位置、世界規模での発達の中心に対してどのような位置にあるのかも、また確実に一定の役割を果たす。識字化の地図——全世界地図なり、地域地図なり、小区域地図なり——を見るなら、空間的隣接性による普及現象が必ず姿を現すのである。モロッコ、パキスタン、イエーメン、バングラデシュが見せる例外的な遅れは、女性のステータスの結果だけではない。イスラーム圏内で中心から離れたところにあるというその位置にも起因している。つい最近まで、ブルターニュとポルトガルの識字化は遅れていたが、これは同じ要因で説明できた。この二つの地域は、母権制的とまでは行かずとも、きわめて女性優位の地域であるが、やはり中心から遠く離れていたのである。

発達を扱う著作は、これこれの国が相対的に進んでいるという場合、その状態を記述するのに用いられる変数のセットの中に識字化を加えるのを忘れることは、どのような文脈においても決してない。ところがわれわれの頭上に相変わらず覆い被さっている支配的な歴史観は、経済的テイクオフは識字化の原因ではなく、むしろ帰結であるということを頑として認めようとしない。最もましな者もこの歴史観に捕われて、経済過程からは大幅に独立した作用としての、心性の変数の間に成立する基本的相互作用を考慮に入れるのを拒むのである。生活水準、国内総生産の成長率、失業は、この相互作用に関連することもあり得るが、あくまでも副次的な関連に過ぎないのである。

識字化と出生率の低下

識字化に次いで、出生調節の普及は、人間が意識と発達の一段上の段階に到達する上での二番目の基本要素である。そしてここにおいても、イスラーム圏は全世界的な普遍的歴史の中に参入する。たしかに独自のスピードで独自の道を辿りながらではあるが、それが最終的に辿り着く到達点は、他のすべての国の到達点と同じものなのである。

統計的分析は、現今の女権論イデオロギーと結びついて、女性の役割が第一義的に重要であると強調するような風潮を産み出した。出生調節における女性の役割が小さいと考えるのは、子供の生産における女性の役割を否定するのと同様に、ばかげたことだろう。しかし出生調節において男性を考慮に入れないというのも、同様に大変な間違いと言えるだろう。もちろん人間の再生産の過程に対する男性の貢献は、特に性的なもので、あまり重要とは言えない慎ましいものであることは、認めなければならないが。父親は、労働をし、家計に収入をもたらし、子供たちの教育と、より一般的に彼ら子供たちの将来に気を配る。出生調節に対する父親の態度は、重要な効果を及ぼさないはずはない。

ある一定の時点における二つの変数の相関関係を分析すると、男性の役割が隠れてしまうことが起こりうる。近年は男性の識字化は完了していることが多いため、最近のある時点での識字率と出生率の指標を対応させようとした場合、男性の率が高い場合は大した意味を持たなくなってしまう。男性が前進したとしても、すでに高い率は、それ以上変動せずにただそこにあるだけで、出生率に対して目に見える統計上のインパクトを及ぼすことはできないのである。

これに対して、近代化のプロセスについて動的な見方を採用し、男性と女性のそれぞれが識字化ハードルを越えた年と出生率の低下の年を関連させるなら、統計的に男性と女性を同等の位置に置くことになる。そうなると相関関係の分析によって、男性のみに関わる識字化の動きの重要性がより明瞭に姿を現すことになるのだ。するとそこで男性の役割と女性の役割の差異が顕在化することになる。ただしその差異は、場合によっては有意性を持たないこともあるが、場合によっては子供を産もうとする決定における男性の優位を顕在化させることもあるのである。

われわれの標本はイスラーム諸国と非イスラーム諸国を混在させたものだが（表1）、標本全体について、男性識字率と女性識字率の間の相関係数はプラス〇・九八であり、男性の識字化の動きと出生率の低下の間の相関係数はプラス〇・八四であり、さらに女性の識字化の動きと出生率の低下の間の相関係数はプラス〇・八〇である。つまり全体として相関関係はきわめて強い。[2] 男性と女性の間の偏差はほとんど有意性を示さないが、それでも男性にわずかな優位が認められる。それに対して、標本の中のイスラーム諸国のみに注目してみるなら、男性識字化と出生率の低下の間の相関係数は、プラス〇・六一に落ちる。これは有意な値であるが、きわめて高いとは言えない。一方、女性識字化と出生率の低下の間の係数はプラス〇・五五で、値としては高くない。[3] イスラーム国では、男性識字化の役割は、世界規模では他の地域より小さいとしても、女性識字化の役割よりは明瞭に姿を現わす。係数プラス〇・六一は変動の三七％を説明するのである。レバノン、トルコ、マレーシア、イラク、エジプト、チュニジア、モロッコ、パキスタン、イエーメンにおいては、出生率の低下が、男性は識字率五〇％のハードルを越えたけれども、二〇歳から二四歳の女性はまだこのハードルを越えていないという時に起こっている。イスラーム国の人口学的移行における男性識字化のこの特殊な役割は、われわれがモロッコについて研究を行った際に、すでに観察したところである。(4)

イスラーム諸国の中には、出生率の低下が起こるためには、男性と女性の双方の過半数が識字化される必要があった、そういう国もまた存在する。シリアとヨルダンでは、女性識字化と出生率の低下の間の期間は相対的に長い（それぞれ一四年と一九年）。アルジェリア、イラン、インドネシア、サウディアラビア、ナイジェリア、マリでは、出生率の低下は女性が識字化のハードルを越えた直後に起こっている。

女性識字化と出生率の低下の乖離は、時にはイスラーム圏以外でも観察される。一八世紀末のフランスはまったく特異なケースであるが、その重要性を過小評価することはできない。なにしろ一つの社会全体の規模での出生調節を創出したのは、この一八世紀末のフランスなのだから。とはいえスペインのケースもまた注目に値する。人間の歴史の最近の局面においては、西ベンガル、タミルナド、ビハール、ベナン、コート・ディヴォワールのケースがやはりこのモデルに属している。これらの国々において人口学的移行が加速化したのは、おそらく生存手段に対するきわめて大きな人口圧力の飛躍的増大の結果に他ならない。第二次世界大戦以降の死亡率の低下が人口の膨張を引き起こし、これが緊急抑止現象を招来することになったのである。

いくつかの限界的ケースでは、出生率の低下は、二〇から二四歳の女性が識字率五〇％のハードルを越えるより前に起こるだけでなく、男性がこのハードルを越えるより前に起こる。バングラデシュは、不利な環境での人口圧力の極限ケースだが、ここでは男性識字率が五〇％に達する前に、こうして出生率が低下しているのである。これらのケースは希であり、しかも近年のものであって、急速な人口増加が人口を紛れもないマルサス的な罠に投げ込むことになった国々のケースである。通常はこれとは逆に、男性識字化は出生率低下の最低限の条件のごときものとなっている。われわれの標本をなす四九の国ないし地域のうち四六において、男性識字率が五〇％のハードルを越えるのは、出生率の低下より先立っている。

プロテスタントの北ヨーロッパでは、男性と女性の識字化と出生率低下の間のずれは巨大で、一〇〇年を越える。これとは逆にフランスは、パリ盆地に先導されて、北部における男性識字化を達成しただけで、出生調節の採用に入っている。これらの極限的現象は、教育的発達と人口学的近代化において、この大陸がパイオニアであったという性格に起因するのである。

もし北ヨーロッパ諸国とフランスを別にして、われわれの標本の諸国をイスラーム国と非イスラーム国――カトリック、仏教、儒教、ヒンズー教、もしくはアニミズムの国々――に分けてみるなら、イスラームの地において、識字化と出生率低下の間の期間はより短いことを確認することが出来る。

地中海岸ヨーロッパから、南アメリカ、アジア、ブラック・アフリカに至る多様な国々を含む副標本（二八カ国）〔表1―a〕の中において、男性による識字化ハードルの乗り越えと出生率低下の間の平均的なずれは、三四年である。一方、女性識字化が起こってから人口学的転換が起こるまでの平均期間は八年にすぎない。しかし女性の識字化は男性のそれを前提とするか包含することを決して忘れてはならない。女性に関わる期間がこのように短縮されるのは、とりわけ男性と女性の役割の相互補完関係を示している。大抵の場合は、男女とも識字化された夫婦が、一致協力して出生調節の決定を下すのである。

イスラーム国標本の二一カ国〔表1—b〕については、男性識字化と出生調節の普及の間の隔たりは、もはや一四年に過ぎなくなっている。女性については、その過半数の識字化と出生率低下の開始との時間的関係は、平均して九年の遅れである。

これらのずれは説明されなければならない。教育変数の出生率に対する決定能力は絶対的ではない。出生率が大衆識字化に一〇〇年以上にわたって抵抗するということもあれば、自然的再生産が教育的発達に時を移さずに屈服する（教育的発達というのは、最近のいくつかの限界的ケースでは、男性だけのものであるが）ということもあった。最近数十年については、識字化と避妊の間の期間の短縮の一部は、もちろん人口圧力の加速度的増大に起因している。一九五〇年から二〇〇七年までの間に、地球の人口は二五億から六七億に増大したわけであり、多くの地域で緊急対応がとられたと予想することができる。しかしまた、こうしたずれを説明するのに貢献する心性の変数も存在する。多様でどこにでも見られるこの変数、強力だが、予測不可能なことも多いこの変数とは、宗教的変数に他ならない。それにしても過去二世紀の人口動態の歴史を検討してみるなら、文明の衝突を主張する社会神学者たちは、またしても期待を裏切られることになるであろう。イスラーム教は、プロテスタント教やカトリック教とは反対に、出生率の低下に対して本格的な抵抗をぶつける力があるようには見えないのである。

イスラーム圏における「世界の脱呪術化」[5]か

宗教的事象というものは、それぞれの信仰の特異性からは独立して存在する。心理的・社会的深層のレベルでは、キリスト教も、仏教も、ヒンズー教も、イスラーム教も、アニミズム諸宗教も、同じものである。すなわち人生に何らかの意味を与え、人々が生まれ育った社会の中で正しく責務を果たすようにしてくれる、世界解釈なのである。信仰の性質の詳細、神格の様式、予想される形而上学的救済の型、倫理規範と諸禁忌、これらのものを検討するのは、考察の第二モメントにおいて初めて可能になる。まず第一に、信ずるという事実があるのであり、目に見えるもの、証明可能なものを越えた彼方にある何かを信ずる、ということは、あらゆる宗教に共通なのだ。そしてまた、共有された信仰によって社会的な繋がりが確立され維持されるということも、あらゆる宗教に共通なのである。というのも、宗教の根本的逆説とは、宗教は常に同時に個人的にして集団的なものである人は、一般的に何らかの超越を信ずる能力を持たないのである。

己の信仰、安定的にして確実な信仰を備えた社会は、その成員に事象と人生の意味を提供する。そのような文脈においては、再生産は自然にして必要なものとして姿を現すことができる。多くの人口を抱える社会の中で存続して来た宗教システムは、そもそもの定義からして、生殖について肯定的な見方を持っているはずである。これに対して生殖の無意味を主張する宗教システム――過去には存在した――は、それを信奉する人々とともに消え去る運命にある。世界宗教であると否とを問わず、大宗教にとっては、この世界に生を得た子供たちは、この世界それ自体と同様に、意味がある。したがって、多少の小さな差異は指摘できるとしても、これらの宗教システムにとって、人口増加論は自然にして当然なのである。キリスト教は性行為に対して否定的な態度を表明しており、そのため時として独身を奨励することにもなった。その結果、もちろん反人口増加論的な効果を発揮することにもなった。イスラーム教は、快楽とある種の形式の避妊により寛容であり、その実践は実際に出産の数を減らすことができる。アズル、すなわち性交中断は、マホメットによって承認されていた。そして拡大解釈によって、イスラーム教は、他のすべての避妊形式も容認するのである。しかしこうした小さな差異を越えて、再生産を神の計画の適用として奨励するというのが、大宗教の一般的態度である。神が人間を創造したとすれば、それは人間が消滅するためにではなく、人間が数を増すためにである。この自明の理は、宗教的信仰が崩壊する時に何が起こるかを検討する前に、改めて想起されなければならない。

最も単純なのは、歴史的・経験的な手法を採用して、最初の出生率低下を記述することである。出生率の最初の低下は、一八世紀末から、ヨーロッパの文化的・経済的テイクオフの文脈の中で起こった。その先駆的な国はフランスである。大革命に先立つ二〇年間に、パリ盆地の小都市では出生率が低下し始める。大革命という政治的大変動に、出生率低下の過程の全般化が対応しているように見える。出生率の情勢指標は、一八世紀半ばには女性一人当り出生児童五・五であったものが、一八三〇年頃には四、一八九〇年頃には三、一九一〇年頃には二・五に落ちる。大革命前夜にあって、パリ盆地のフランスは、その発達水準からすれば北ヨーロッパに属していたが、教育面では最も進んだ地域であるにはほど遠かった。青年男性の半数は読み書きができたが、識字化された者の比率は、イングランド、スウェーデン、オランダ、プロイセンといったプロテスタント諸国の方がはるかに高かった。ドイツのカトリック地域でさえも、文化面ではフランスより進んでいた。

女性識字化と出生率低下の間の古典的な相関関係からすれば、出生率の低下は先ず初めに、教育面でのパイオニアたる北ヨーロッパに起こっても不思議ではなかったはずだ。フランスがこの点で先行したのは、いかなる要因によって説明されるのだろうか？　まったく単に宗教的信仰の崩壊こそが、その要因なのである。それは大革命に先立つ半世紀の間に起こった。一七三〇年から一七四〇年にかけて、聖職志願者は、パリ盆地では枯渇してしまう。北ヨーロッパでは、プロテスタント地域であれ、カトリック地域であれ、一世紀の間、宗教的信仰は持ちこたえる。出生率も同様である。教育水準は明らかにより高かったにも拘らず、だ。

聖職志願者の数と宗教実践は、イングランドとオランダでは一八八〇年から、スウェーデンとプロイセンでは一八九〇年から、減少に転じる。それと同時に、もしくは数年のずれの後に、出生率は低下し始め、プロテスタント諸国が人口学的移行期に入るのである。(6)一九二一年から一九三〇年までの間の出生率は、イングランドで二・一六、ドイツで二・二〇、スウェーデンで二・二四、フランスで二・三〇となるだろう。宗教の崩壊と出生調節の普及との合致は、驚くべきものであり、議論の余地がない。ある程度の識字化のハードルが越えられることも必要な条件であることは、忘れてはならない。アンダルシアや南イタリアといった地域は、宗教実践はフランスと同様に一八世紀後半に崩壊したが、住民は大幅に文盲のままであった。これらの地域では出生率は低下を始めていない。ヨーロッパの人口動態の歴史が明らかにして見せるのは、出生調節を引き起こす二重の決定作用が存在すること、教育水準の上昇と宗教実践の低下という、どちらも等しく必要な二つの条件の存在である。この二つの現象は、もちろん互いに関連するが、その結合は単純ではなく、即時的でもない。

ヨーロッパにおいて、出生率の決定的低下の第三局面は、戦後のベビーブームの直後に観察される。宗教実践の退潮がヨーロッパを今日のきわめて低い出生率に至らしめた主たる要因であると考えることができない者でも、ここで改めて部分的合致を認めざるを得なくなったのである。一九六五年から、カトリックの宗教実践は、それがそれまで依然として盛んであったところ、すなわち、フランスの周縁部、南ドイツとラインラント、オランダ南部とベルギー、北イタリア、スペイン北西部、ポルトガル北部、ケベックで、崩壊する。西洋世界の出生率の最終的低下は、この最後の宗教の急降下のまさに直後に起こるのである。

カトリックもしくはプロテスタントの西ヨーロッパのみが、宗教的信仰の崩壊が出生率低下の前提条件であるとする法則が適用される唯一の場所ではない。ロシアと中国において、宗教の退潮は、その即時的帰結、すなわち形而上学的計画表（プログラム）の核心に無神論を置く共産主義革命を通して姿を現す。ロシアでは、出生率の降下は、一九二八年頃に起こるのだから、無神論革命のすぐ後を追いかけたわけである。中国では、ある程度のずれが観察できる。革命は一九四九年に勝利するが、一九六六年から一九六九年の文化大革命とともに再び活発化する。そして出生率は、一九七〇年から低下し始めるのである。まことに意味深長なことであるが、反共産主義者たちが伝統的宗教に寄せていた期待に反して、ロシア正教も、革命前の中国の宗教であった仏教と儒教の混淆も、共産主義崩壊の後に有力な勢力として再浮上することはなかった。共産主義の反宗教的熱狂は、ロシアにおける正教信仰の消滅の原因ではなく、中国を支配していた仏教的家族崇拝の動揺の原因でもなかった。むしろ宗教的信仰の退潮こそが、共産主義というこの代替信仰を思うさま伸張させたのである。進行過程はより急速であり、宗教的なもののイデオロギー的なものによる交替はより即時的であったが、二〇世紀の諸革命はこの点において、フランス大革命が最初の具体例となった進行過程から基本的には逸脱していない。パリ盆地では、宗教実践の低落より半世紀後に、自由主義的にして平等主義的なイデオロギーが開化したのであり、そのイデオロギーは、最初は革命的であったが、やがて共和主義としてより平穏なものとなって行く。やがて政治闘争の中で無神論、理神論、反教権主義として観察されることになるものは、宗教の退潮の原因ではなく、それが時間をおいて形式化されたものに他ならないのである。

中国のケースは、あまりにも厳密にキリスト教的な研究領域からわれわれを外に連れ出してくれた。日本のケースは、宗教的危機から出生率の低下へ、そして、その順序は変わり得るが、政治的危機へと進む進行過程が、ある程度普遍的なものであることを予感させてくれる。日本の男性が識字化のハードルを越えたのは、一八五〇年頃に位置づけられる。女性の場合は、一九〇〇年頃である。出生率は一九二〇年頃に下がる。一八六八年に始まる明治期の日本が経験した近代化の危機に、宗教的要素、いやむしろ反宗教的要素があることに留意しないとしたら、誤りを犯すことになろう。改革運動は暴力的な反仏教危機を伴っていた。その民衆運動的なピークは一八七一年に到来し、寺院の破壊、僧侶の罷免、僧院の閉鎖、教区制度の改造が行なわれた。[7] 周縁部では、脅威にさらされた宗教の名においていくつもの蜂起が起こった。この時期に確立した神道は、それまで仏教という紛れもない日本の宗教と共存していた古い自然崇拝のいくつかの要素を取り込んでいるが、しかしそれは何よりも新たな信仰なのである。その民族主義的成分の強さを考えると、宗教と呼べるかどうかさえ定かでない。仏教という宗教の崩壊が、そのあとに空白を残し、他の多くの国に見られたのと同様に、日本でも、その空白が民族主義的代替信仰の出現によって埋められた、と考えるのが、おそらくはより妥当なところである。しかしこの民族主義が、新たな宗教的信仰の装いをまとうことができたという点は、興味深い。無神論だけが、宗教的なものから抜け出す唯一の道ではないのだ。日本でもヨーロッパと同様に、伝統的信仰の崩壊が、出生率の下落の前提条件の一つとなっているのである。宗教の残滓が神道の成分をなしているということが、もしかしたら、男性の過半数の識字化から出生率低下までに七〇年という期間を要し、女性の識字化から出生調節までに二〇年という期間を要したことの説明となるかもしれない。しかし今日では日本の移行期危機は完了し、ヨーロッパと同様に、形而上学的信仰は消え失せている。今日の日本人は、その宗教への無関心によって、おどろくほどヨーロッパ人に似ている。出生率指数がきわめて低いことでも、やはりヨーロッパ人に近いのである。

大衆識字化を前提とする宗教の退潮と出生率の低下の時間的な合致は、一般的現象であり、カトリック教、プロテスタント教、正教という、キリスト教の三大分派、そして日本もしくは中国における仏教を巻き込んだ。フランス、イングランド、ドイツ、ロシア、日本、中国において、宗教実践の転落がまずあり、その後で出生率のきわめて低いレベル、つまり女性一人当り子供二かそれ以下、時としては子供一・五かそれ以下のレベルへの減少が起こっている。こうなると、宗教システムの性格、これこれの宗教が提唱する形而上学的イメージと、それが約束する救済の型、こういったものからは独立した普遍的法則が存在すると考えたくもなるのである。宗教的なものの消失は、人口学的近代化の前提条件なのであろうか？　しかしもしこの前提条件が必要条件であるとするなら、出生率が、トルコ、モロッコ、アルジェリア、ウズベキスタン、トルクメニスタンでは二・五前後であり、チュニジア、イラン、アゼルバイジャン、あるいはレバノンのイスラーム教徒において、二もしくはそれ以下であるという事実を、どう解釈すべきなのだろうか。より一般的に、二一のイスラーム国標本で確認された、識字化から出生率低下までの平均期間がかなり短いという事実を、どう解釈すべきなのだろうか。イスラームは、人口学的移行にとって障害となってはいないようである。われわれはここで、解釈上の選択の必要に迫られるわけであるが、その選択は詰まるところかなり単純である。

われわれは、イスラーム諸国では、世界のかくも多くの地域で観察されるのとは逆に、伝統的信仰心と起居振舞いに対するその支配力の退潮は、出生率の低下のために必要な予備的条件ではないことを認めても良いのかもしれない。この解釈を擁護するためには、イスラーム教が避妊に最大の寛容を見せることを引き合いに出す必要があるだろう。その場合には、イスラーム教は近代性を撥ね付けるとするステレオタイプの考えを有効とするのとは正反対に、イスラーム教こそ、世界の大宗教の中で唯一、人口学的近代性——もちろんこれなくして近代性一般があり得ない——と即時的に適合し得る宗教であるとすることになるだろう。この結論はあまりにも大胆すぎるように見える。すべての大宗教システムが抱える暗黙の人口増加論を無視しているからである。

　残るはもう一つの道で、おそらくは唯一これのみが妥当であろう。すなわち、今日目に見える外見の向こうで、出生率が低下しているイスラーム諸国は、やはり伝統的信仰の大規模な動揺を経験しているのだ、と認めることである。脱キリスト教化は、ヨーロッパにおける出生率の下落を可能にした。脱仏教化——耳慣れない用語なので、耳障りかもしれないが——は、東アジアにおける出生率の低下に先行した。イラン、アゼルバイジャン、トルコ、チュニジア、モロッコ、アルジェリア、ウズベキスタン、トルクメニスタンの出生率の下落は、脱イスラーム教化の仮説を必要とするであろうか？　このようなプロセスが、いまだ音も発することなく、言わば見分けられないままに、現在進行中であるということは、あり得ることなのだろうか？　この仮説は大胆であろうし、これを主張するのは時期尚早である。判断に必要な十分な距離をわれわれは持っていないからである。

とはいえ、この仮説にもう少し真実味を与えるために、言葉の意味について確認しておく必要がある。脱キリスト教化は一日にしてなりはしなかったし、宗教を示すさまざまの印の消滅も、ましてや宗教の特徴をなす一般的な倫理的参照基準の消滅も、前提とすることはなかった。極端にいえば、われわれは今日でもキリスト教徒で信者であると称することはできる。だからと言って、性生活や、家族的規範、男女間の関係、子供の教育などについてヴァチカンが課す掟に従っているわけではない。脱キリスト教化を印づけたものは信仰の全般的後退であったが、それにもまして特に印づけたものは、伝統的に信仰に結合しており、個々人に付きまとって寝台の中にまで忍び込んでいた、自分とは別の者がすべてを律する他律の体制の崩壊であったのである。このように理解するならば、脱イスラーム教化のプロセスもすでに始動している可能性は大いにある。そして人口動態はその痕跡を示しているのである。

そうだとすれば、イスラーム圏が、個々人の日常生活の中に遍在するようになった非宗教的空間とともに脱宗教化の動きを経験しつつあると同時に、断食（ラマダン）、モスクへの参拝、日々の祈り、メッカへの巡礼、喜捨（ザカート）などの宗教実践の旺盛な復興も経験しつつあること[8]に、必ずしも矛盾があるわけではない。これと対照的なのが一九六〇年代の世代で、それはアラブ諸国ではナセル主義を、その他のイスラーム諸国（イラン、トルコ、インドネシアなど）ではそれに匹敵する形態の非宗教的民族主義を特徴としていた。

これらの実践は兎も角として、それではわれわれの仮説は、イスラーム主義の伸張を説明することはできるのであろうか？ それは女性に向けて羞恥〔ヴェールで顔を隠すこと〕の義務を改めて主張しており、より一般的には、イスラーム諸国の政治・公民生活の中に宗教的事象がますます活発に存在性を強めて行くべき必要があることを主張している。イラン革命とアルジェリア危機は、このイスラーム主義の伸張が、ある時点においては多数派を獲得することもあり得ることを証明した。イスラーム諸国の政体は、権威主義的政体であれ、自由主義的政体であれ、もしかしたら制御不可能になるかもしれない、この型の変遷の脅威の下で生きている。しかしながら、宗教的危機と出生率の低下を結びつける歴史法則が力強く示唆するところは、イスラーム主義は歴史の終わりではなく、その一時期に過ぎず、それを越えた先に、やがては脱イスラーム教化されたイスラーム圏の可能性が、ほとんど確実なものとして輪郭を現している、ということなのである。すでに脱キリスト教化されたキリスト教圏がすでに存在し、「脱仏教化された」仏教圏が存在するのと、同様に。

原理主義は、宗教的信仰の動揺の過渡的な様相に過ぎない。近年の現象である信仰の弱さの帰結として、再確認の行動が生まれるのである。宗教の退潮と原理主義の伸張が時間的に合致するというのは、古典的な現象である。神の存在の疑問視と再確認とは、同じ現実の二つの面に他ならない。そして形而上学的ためらいが生ずれば、その避けがたい帰結とは、伝統的信仰の放棄にしかなりようがない。成分の割合はさまざまであろうが、移行期の両面性は常に存在する。その例を見いだすために、わざわざ旅行することさえ必要ない。フランスで最初の本物の無神論が出現したのは一七世紀のことであった。それは上層諸階級の中に出現し、しばしば自由思想家（リベルタン）の潮流と結合した。数学と物理学における科学革命は、当時確立していた世界と生命のヴィジョンを一変させた。しかしこの革命の担い手である学者たち自身が、自分の心を侵略する宗教への懐疑と戦ったのである。分析幾学の創始者で、方法的懐疑の理論家を自称するデカルトは、大慌てで神の存在を証明しようとした。さらに印象深い数学者にして物理学者のパスカルは、文字通り宗教上の緊急性に心を掻き乱されて、ついにはあの弱々しい賭を提案するに至る。何も失うものはない。神の存在を信ずるなら、すべてが獲得される、というあの賭を。そして自分自身は、ジャンセニスムの苦悩の中に閉じこもって行く。しかしジャンセニスムの信奉者たちによって再確認された、恩寵による救済というアウグスチヌス主義とは、科学的テイクオフの時代に神が存在しないことを発見した世界における原理主義に他ならない。すべての専門家が指摘する、イスラーム原理主義の恒常的特徴の一つは、それが理工系学生に強力な影響力を揮っているという点である。自身が技師であるビン・ラディンは、この観点からすればまさに原型的なのである。

デカルトとパスカルのためらいの数十年後に、宗教実践はパリ盆地の農民の間で崩壊し、次いで出生率が転落する。それゆえ、非宗教化されたマグレブなりイランなりの出現について想いを巡らすのは、それほど大胆な未来予測ということにはならない。プロセスはまだ終着点に達していない。しかしわれわれとしては、今からでも真剣に、イスラーム圏で出生率が女性一人当り子供二のハードルに達したか越えた地域、すなわちアゼルバイジャン、イラン、チュニジア、レバノンのイスラーム共同体ないしキリスト教共同体、そしてカビリア〔アルジェリア東部山岳地帯〕において、信仰がどれほど現実的内実を保っているかという問題を立てることができるのである。

第二章

移行期危機

住民の過半数が識字化された社会は、近代化へ向かって突き進む。その教育水準は、出生率の下落への道を切り開くが、それだけでなく、全般的な経済発展への道も切り開く。読み書きができる能動人口は、効率性が高い。アジアの経済的テイクオフの規模の広がりは、今やグローバリゼーションの過程の主要な要素となりつつあるが、この経済的テイクオフに先立って、識字率の上昇が起こっているのである。啓蒙の世紀の人間たちは、まさにこのプラス方向への進行過程を先取りしたのに他ならない。しかしながら、早くも一九世紀末から、近代性に向かう動きは、暗い面を見せ始める。読み書きの習得は、住民をより物識りにし、個々人をより意識的にする。するとそこで大衆的規模での意識障害が出現することになる。デュルケムは、精神的事象を扱う統計学の数多くの専門家の業績を踏まえつつ、一八九七年に『自殺論』の中で、識字化された住民の間で自殺の頻度が高くなることを分析した。当時テイクオフの真っ盛りであったヨーロッパでは、人間が自己破壊する性向が凄まじい勢いで増大していた。やがて彼らは第一次世界大戦の間、全大陸規模で互いに殺し合うことになる。今日、経済的テイクオフが起こっているのは、中国とインドであるが、そこでは自殺率のテイクオフも起こっている。(1) それに対してアラブ諸国の自殺率は、世界で最低の部類に属する。しかしながら、自爆テロという、自己破壊の高度に社会化された形態は、急速に発展する社会で自死が増加する傾向があることと、いかなる関わりもないと頭から断言してしまって良いものだろうか？

文化的進歩は、住民を不安定化する。識字率が五〇％を越えた社会とはどんな社会か、具体的に思い描いてみる必要がある。それは、息子たちは読み書きができるが、父親はできない、そうした世界なのだ。全般化された教育は、やがて家族内での権威関係を不安定化することになる。教育水準の上昇に続いて起こる出生調節の普及の方は、これはこれで、男女間の伝統的関係、夫の妻に対する権威を揺るがすことになる。この二つの権威失墜は、二つ組合わさるか否かにかかわらず、社会の全般的な当惑を引き起こし、大抵の場合、政治的権威の過渡的崩壊を引き起こす。そしてそれは多くの人間の死をもたらすことにもなり得るのである。別の言い方をするなら、識字化と出生調節の時代は、大抵の場合、革命の時代でもある、ということになる。この過程の典型的な例を、イングランド革命、フランス革命、ロシア革命、中国革命は供給している。

識字化、出生調節、革命

一六四九年、イングランドのピューリタン革命は、クロムウェルの軍事独裁の下で国王を斬首するに至る。フランス革命に先立つこと一世紀半のことである。識字化と革命の進行過程を結合させる法則を発見した歴史家、ローレンス・ストーンが指摘しているように、当時イングランドは、過半数の識字化のハードルを越えたばかりであった。(2)

一七三〇年頃、パリ盆地では、二〇歳から二四歳の男性の過半数は読み書きができた。一七七〇年頃、フランス北部小都市で出生率が下がり始める。そして一七八九年に、イデオロギー的・政治的危機が開始し、それは〔一八七一年に〕第三共和国として安定化するまで継続する。

ロシアも、識字化と避妊と革命が組合わさる類似的進行過程を見せている。男性の半数の識字化のハードルは、一九〇〇年に越えられ、ツァーリ政体〔帝政ロシア〕の崩壊は一九一七年に生起する。女性の過半数の識字化は、一九二〇年頃始まる出生率の低下に道を開くが、それだけでなく、スターリニズムという革命の再躍進への道も開くのである。これは十月革命とそれに続いて起こった内戦よりもはるかに多くの死者を出すことになる。集団化、強制労働と強制収容所の全般化は、ロシアにとって、新たな革命の試練に他ならなかったのである。

中国にも同じ出来事の連鎖が見られる。男性識字化五〇％のハードル越えは、一九四二年頃に起こり、共産主義は一九四九年に勝利する。一九六三年頃に起こる女性の過半数の識字化は、一九七〇年頃に始まる出生率の低下に道を開くが、それだけでなく、一九六六年から一九七九年の、文化大革命と錯乱的な毛沢東主義への道もまた開くのである。

これらの例が喚起する革命は、たしかに流血の革命であったが、それなりに長期にわたって安定する新政体を産み出す力を持っていた。しかし正真正銘のニヒリズムに立ち至る移行期暴力を浮き彫りにすることもできるだろう。ドイツでは、第一次世界大戦とナチズムを招来する軍国主義の伸張は、出生率の最初の低下を背景にして起こっており、その点は、真珠湾に立ち至る日本のファシズムと軍国主義も同様である。

イスラーム諸国の移行期危機

イランの政治的軌跡は、文化的近代化、伝統的権威構造の崩壊、移行期暴力を結合させるこの一般的モデルの中にかなり上手く収まる。このシーア派変種のイスラーム国では、青年男性識字化五〇%のハードルは、一九六四年頃に越えられる。国王（シャー）の政体は、それから一五年後に崩壊する。一九八一年頃、青年女性の五〇%が読み書きができるようになる。一九八五年頃、出生率は下がり始める。

スンニ派イスラーム国のアルジェリアでは、イラン革命の原動力たる平等主義的イデオロギーとはかなり異なる短絡的なイスラーム主義が、一九九二年以降、猖獗を極めているが、このアルジェリアは、イランとは別の類型の具体例に他ならない。アルジェリアのケースについてはおそらく、一九六四年頃に過半数に達した男性識字率と、植民地解放闘争とを結合させることができるだろう。植民地解放の蜂起それ自体はすでに一九五六年に始まり、一九六二年には勝利に至っているのではあるが。民族解放の問題が介入するところでは、このような変数はあまり絶対的な合致を求める姿勢で検討してはならない。言語と習俗を異にする二つの住民集団、しかもその一方がもう一方を支配している、そうした住民集団の間の紛争というものが、ここでは促進剤として働いているのである。一九九二年に成熟に達するイスラーム主義の発作は、アルジェリア人のみに関わるものだが、一九八一年頃に到来する女性の過半数の識字化のまさしく直後に起こっている。出生率は一九八五年に低下し始める。テロリズムは、住民の精神的不安定化が最大となった時点において広がっているのである。

トルコでは、識字化のハードル越えは、男性については一九三二年、女性については一九六九年であるから、すでに昔の現象である。ケマル・アタチュルクの革命は、強力な民族主義的機運を基盤としたものだったが、アルジェリア革命の場合と同様に、男性の過半数の識字化の、ほんの少し前に起こっている。出生率の低下の方は、女性の識字化を待つことなく、早くも一九五〇年には開始している。トルコでは、一九六〇年から二〇〇〇年までの長きにわたって最大限の政治的不安定が続き、極右テロリズムを背景として、クーデタが相継いで起き、イスラーム主義の伸張があったが、それは最終的には体制によって吸収された。この不安定期は、識字化、出生率低下、移行期の政治的混乱という三者を結合するモデルの時系列に完全に従っている。現在の安定化はどうかと言えば、かなり逆説的なことに、それは補強された民主主義の枠内で、穏健イスラーム主義者が政権に就いたことに対応している。彼らはともすると、自分たちをヨーロッパのキリスト教民主主義になぞらえようとする。とはいえクルド人問題は暴力の再活発化を引き起こすかもしれない。クルディスタン〔イラン、イラク、シリア、アルメニアの国境地帯に広がるクルド人居住地域〕は、文化的にも人口学的にも非常に遅れており、後に見る通り、移行を完了することからはほど遠いのである。

インドネシアの文化的発展のスピードは、トルコのそれにきわめて近い。この国の歴史の中で、激しい移行期暴力と民主主義革命が非常に近い時期に起こっているのは、意外なことではないのである。男性の識字化は早くも一九三八年（トルコの六年後）には過半数に達している。それは反植民地蜂起に先行した。女性の識字化は、それに続いて一九六二年に起こる（トルコの七年前）。インドネシアの特徴は女性のステータスが高いことだが、この国で男性識字化と女性識字化の時点が最大限に近接しているのは、それで説明がつくかもしれない。この国では、一九六五年から一九六六年にかけての共産主義者の虐殺という、多数の死者を出した不可思議な、きわめて特殊的な政治的危機が起こったが、このような事態に立ち至ったのは、この時系列的進行過程からすれば当然であったと思われる。

出生率の方は、一九七〇年から低下する。

レバノンでは、宗派間、宗派内（マロン派を含むキリスト教徒、スンニ派、シーア派、ドルーズ派のイスラーム教徒）の「内戦」が一九七五年から一九九〇年まで続いた。この暴力の激発の期間は、ヨーロッパではこれまで野蛮な後退の現れと受け止められて来たが、実はこれは、すでに一九五〇年にキリスト教徒の間で始まっていた出生率の低下が、イスラーム系住民の間にも一般化する過程と対応しているのである。この暴力は、男性についてては一九二〇年頃、女性についてては一九五七年頃にハードルを越えた、全国規模の識字化より明らかに後のことである。どうやら、宗派ごとの詳細な分析を行なうと、シーア派の女性の識字率の上昇と内戦の激化の間にかなり強い対応があることが明らかになるようである。

イスラーム主義と未来予測

識字化がもたらした近代化の暗い面を感知するということは、過去を理解する手段を手に入れることであるが、それだけでなく、現在についての解釈を誤ることなく、未来をより的確に把握する手段を手に入れることでもある。そこでわれわれとしては、移行が現在進行中である国々を特定し、まだ越えられていない危険地帯という仮説を立てることができる。しかしまた時には、イデオロギー的・宗教的外見に反して、これこれの国はすでにしばらく前から最大危険地帯を通り過ぎており、政治的争乱の潜在力は、ゼロではないにしても、一般に信じられているよりは低いということを、立証することができる。

モロッコやパキスタンといった国々は、イスラーム主義者の反体制運動、とりわけ平均を越えたテロリストの産出といった、発熱の兆候を見せている。実際、識字化と出生率の指標によれば、この両国は移行期危機の最大の危険地帯に位置づけられる。モロッコでは、女性の識字化が過半数に達したのは、一九九六年頃に過ぎず、パキスタンでは二〇〇二年頃に過ぎない。とはいえモロッコは、こう言ってよければ、早期の出生率低下開始（一九七五年から）で得をしている。これと女性識字化との間のずれのおかげで、イデオロギー的混迷の種になるような現象が時間的に分散することになったからである。パキスタンはこの上なく不安定な国だが、ここでは出生率の低下は、女性の過半数が読み書きができるようになるよりほんの少し前、一九九〇年頃にようやく始まった。この国は今日、危機の真っ最中であり、重要な政治的争乱が起こるかもしれない。

サウディアラビアは、すでにしばらく前から、識字化のハードルが越えられているが、それによって政体の安定性が基本的に打撃を被ったように見えない国の一つである。この王国では、識字化はすでに昔の話——男性については一九五七年、女性については一九七六年——で、出生率は二〇年ほど前に低下し始めている。反体制機運は忍び寄りつつあり、暴力的イスラーム主義者の産出量は異常なほど高いことが感じられるが、当面、政体は持ちこたえている。莫大な石油収入は、権力の上層部が抱く熱望の独特の（異常とも言える）条件を作り出している。しかし、こうした石油の恵みに与れず、社会的特権が、住民の労働からの課徴金の徴収という古典的な手段に由来する、他のアラブ諸国の中には、早期の識字化が実現しているのに、権力の権威主義的な性格が実質的な動揺に見舞われたことはない、そういう国がいくつもあることを認めなければならない。文化的変貌の結果、強力なイスラーム主義の圧力によって激しい弾圧が引き起こされることになっただけなのである。

エジプトでは識字化ハードルは、男性については早くも一九六〇年に、女性については一九八八年に越えられた。シリアではさらに早く（男性は一九四六年、女性は一九七一年）、ヨルダンではさらに早い（男性一九四〇年、女性一九六六年）。シリアとヨルダンでは、出生率は一九八五年頃に低下した。エジプトでは、早くも一九六五年に、最初の低下が見られたが、これは決定的なものではなく、一九八〇年代の終わり頃に低下が再び始まることになる。これらの国々では人口学的移行は相変わらず完了していないことを、後に見ることになるだろう。さらに西に進んでチュニジアに行くと、識字率の上昇は逆に比較的古く（男性は一九六〇年、女性は一九七五年）、すでに一九六五年には出生率の持続的低下が起こっている。女性一人当り子供二という出生率は、フランスやイランと同じ水準である。それにも拘わらず、チュニジアは権威主義政体を保持している。この政体は、軍国主義と女権尊重という異例の組み合せを一種独特の均衡の中で実現している特異な政体なのである。それは結局は、エジプト、ヨルダン、シリア、サウディアラビアの権威主義的政体のいとことも言えるものだが、これまでのところ、なんらかの民主主義革命が起こってこの政体を揺り動かしたということはない。

これらのどの国においても、トルコ、レバノン、イラン、アルジェリアにおけるように、近代性への移行がイデオロギー・システムの不安定化に行き着いたということはないようである。政体は波乱にさらされていると見られているが、その実、かなり長期にわたって安定している。とはいえ、この安定性がこれら諸国の歴史の終着点であると断言することを可能にするものは何もない。このうちの四カ国〔エジプト、ヨルダン、シリア、サウディアラビア〕については、人口学的移行は完了したと考えることはできないからである。これらの諸国の家族制度と、近年の人口動向との詳細な検討を行なうなら、この最終的な足踏みについていくつかの仮説を提起することが可能になるだろう。

それゆえ、今日イスラーム圏を揺るがしている暴力を説明するために、イスラーム固有の本質などに思いを巡らす必要はいささかもない。イスラーム圏は混乱のただ中にあるが、それは識字化の進展と出生調節の一般化に結びつく心性の革命の衝撃にさらされているからに他ならない。非イスラーム諸国でもこのような心性の革命を経験したいくつかの国で、大衆的な政治的混乱を観察することはできるし、それらの混乱が、イスラームの地で起こり得るあらゆる混乱を激しさにおいて凌駕する場合もあるのである。

ルワンダでは、識字率五〇％のハードルは、男性については一九六一年頃、女性については一九八〇年頃に越えられた。出生率は一九九〇年頃に低下し始める。ツチ族とフツ族の人種対立は、一九九四年にジェノサイドに立ち至る。その規模の大きさは、ヨーロッパを襲った虐殺の絶頂期を思い出させないではいない。しかしルワンダはほとんど全面的にキリスト教国であるが、我々の知る限り、ルワンダの惨劇の原因をキリスト教独特の本質に帰着させる者は一人もいない。

ネパールでは、過半数の識字化は、男性については一九七三年頃、女性については一九九七年頃に起こり、出生率は一九九五年頃に低下を始めている。ここでは共産主義ゲリラが活発な活動を続けている。国際的にはこのイデオロギーが崩壊したことを考えるなら、これは時代錯誤的ということになるが、この国の心性の近代化のスピードには完全に合致しているわけである。この社会を揺るがせている暴力の責任は、ヒンズー教と仏教にあるとしなければならないのだろうか？

イスラーム諸国の場合もルワンダやネパールの場合も、根本的な誤りは、実はイデオロギー的ないし宗教的危機を退行現象と考えることにあるのだ。

実際は逆に、そのどれもが移行期危機なのであって、その間、近代化が住民を混乱に陥れ、政治体制を不安定化するのである。今後は、この解釈の誤りは、必ずや系統的にアフリカ大陸全域に拡大されて行くことだろう。この大陸は、イスラーム教、キリスト教、もしくはアニミズムを信奉するが、アラブ圏のすぐ後を追って近代化の疾走に突入する。ここでも要するに近代化の危機の現われに他ならないいくつもの対決が起こるだろうが、これらの原因を人々は、部族主義の生き残りとか、その他のアルカイックな現象に帰することだろうし、すでに帰している。ギニア湾岸の最も進んだ地域ではカトリック教とプロテスタント教が優勢であるから、将来ここで紛争が起こったら、その担い手の多くはキリスト教徒であるだろう。それはすでにコート・ディヴォワールとナイジェリアで起こっていることであり、住民のイデオロギー的騒擾は、識字化が進んだ、大抵はキリスト教地域となっている海岸部で強い。われわれはもちろん、これらの混乱が起こり得ることを今から楽しみにしているわけではない。しかしそれらの混乱が起こったとすれば、怪我の功名で、イスラームに対する西洋人の説教臭ふんぷんたる圧迫を図らずも軽減することになるだろう。

プロテスタント宗教改革から第二次世界大戦まで、ヨーロッパの歴史を彩った暴力行為の数々は、以上見て来たのと同じ心性の近代化の、しかしより長期にわたる動きに対応しているのである。波が通り過ぎた後に国々は平穏を取り戻す。するとそれらの国々は、自分たちの通った道をこれから辿ろうとしている国々を、驚きの念をもって、さらには上の者が下の者を見下す態度で、眺めるわけである。このような展望の誤りは、歴史的自覚の水準がきわめて低いということがヨーロッパやアメリカ合衆国の特徴であるという秘密を暴露してみせるものだ。われわれの時代は記憶を称揚するが、実際に行なっていることは、記憶喪失に他ならない。

イデオロギー的内容の問題

識字率と出生率の変遷は、歴史の一般的な動きを経験的に定義してその跡をたどり、各国を相対的時間の中に位置づけ、多様なパラメーターの進展状態を確定し、イデオロギー的・宗教的・政治的切断点の存在を説明することを可能にしてくれる。しかしながら、このようにして定義された移行期危機は、それぞれきわめて異なる内容を持っている。フランス革命、ロシア革命、イラン革命は、同じ目標を設定しておらず、いささかも同じ価値観を踏まえてはいない。フランス革命は自由主義的であり、ロシア革命は全体主義的であるが、イラン革命は宗教的である。この点では、あからさまに宗教に敵対した前二者と異なる。しかしその点はいささかもイスラーム特有のことではない。一六四〇年のイングランド革命は、プロテスタント宗教改革から生まれたものであって、神の名において君主制の打倒に至った点は、イランと同じだからである。イラン革命は一方では、その平等主義的側面からして、フランス革命およびロシア革命のい、と、こ、に当たる。イングランド革命の方は、平等の観念を撥ね付けた。救済の可能性の平等を信じないプロテスタント教は、普遍的人間の観念を基本的前提とすることはなかったのである。

移行期危機はまた、ドイツや日本やルワンダの例が示すように、剥き出しの不平等主義的・自民族中心主義的形態をまとうこともあり得る。したがって移行期危機の概念は、イデオロギーの内容の問題、混迷する住民たちが暴力に訴えて断言した価値はいかなるものかという問題を、開いたままで差し出すのである。平等と神の非存在とを断言する移行期危機もあれば、神と人間同士の不平等とを断言するものもあり、かと思うと、神と平等とを断言するものもあるのは、いったいどうしてなのか？　これ以外の組み合せも可能であって、ナチスの不平等主義的無神論からカンボジアの何とも描写しようのないニヒリズムに至るまで、歴史の中で現実化されている。

こうした差異がどこから発生するのか、その起源を理解しようとするなら、さらに深く、各国社会の心性的構造の中にまで潜り込まなければならない。危機を理解するために、もはや文化的な動きの分析だけでは十分ではない。家族構造にまで探究の手を伸ばさなければならない。家族構造の組織原則たる価値システムは、きわめて多様であり、自由主義的であるか権威主義的であるか、平等主義的か不平等主義的か、集団が外に開かれることを好むか嫌うかで異なる。識字化によってどのような型の価値が活性化するかによって、どのような型の移行期危機が、文化的に浮上した国を揺り動かすかが、決まるのである。

第三章

アラブ家族と移行期危機

かつて世界各国の農民社会は、非常に多様な家族構造によって組織されていた。それらの家族構造の価値体系も互いに異なり非常に多様であった。移行過程の多様性はこうした価値体系の多様性によって説明されるのである。大革命直前におけるパリ盆地の農民の家族モデルは、核家族タイプのもので、結婚した若者は自立的な世帯を新たに築くよう義務付けられていた。成人の世代が必然的に離れて暮らすようになるということは、父親と子供の間の関係に自由主義的な価値が存在することを想定させる。そのうえ遺産相続規則は極端なまでに平等主義的であり、これが男にせよ女にせよ子供たちの絶対的な同等性を保証していた。これらの価値が識字化によって活性化されると、まことに当然ながら、フランス大革命が起こることになる。「自由、平等」というそのスローガンは、パリ盆地の農民の潜在的な家族的価値を具体的な形に現わしたもののように見える。

ロシアの伝統的な農民家族は、父親と息子たちを理想的な形で結合する共同体型の家族であった。結婚の際、娘たちは家族集団間で交換された。したがって結婚した息子たちは、一種族長のごとき父親の権威のもとに生きることになる。父親が死んだ後も、兄弟は同じ屋根の下に暮らし続けることもできたが、普通は早々に離別し、財産は平等主義的なやり方で分割された。娘たちは他の世帯に組み込まれていたわけだから、遺産相続からは除外された。このようなシステムの潜在的価値は、権威（成人した子供たちが父親の権力の及ぶ範囲に留まる）と平等（しかし男性にのみ限られる平等である）であった。これらの価値が、識字率五〇％のハードルが越えられた後、ボリシェヴィキ革命によって、次いでスターリン革命によって、顕在化し、イデオロギーとしての形態の下で表現されることになったのである。共産主義は権威主義的である、というのは少なくとも言えることだが、それに加えて平等主義的でもある。

近代以前の中国の家族は、ロシアの家族と似ているが、女性のステータスがさらに低いヴァージョンである。しかし主要なイデオロギー的帰結は、ロシアにおけるのと同様で、識字化のハードルが越えられた際に共産主義が現出した。

フランス革命、ロシア革命、中国革命は、普遍主義を共有した。この三つの革命はいずれも、フランス国民、ロシア国民、中国国民のためのものではなく、人類全体のためのものだと自負していた。平等主義的価値とは、ほとんどが無意識的なメカニズムを通じて、このような姿勢を産み出すものなのである。もし兄弟が平等なら、人間も諸国民もやはり平等である。

ドイツ、日本、ルワンダの伝統的家族システムは、これとは反対の価値、兄弟間の不平等という価値を含み持つ。直系家族は、唯一の継承者の指名を要求する。それは普通は男の子供のうちの年上の者（男性長子）である。父親は、成人し結婚した息子と同居し続けるが、これは権威という原則の存在を示唆している。権威と不平等という家族的価値はともに、教育的近代化の際に、位階序列、社会的・人種的な階層秩序という観念を助長するような移行期イデオロギーの出現を招来することになる。ここでは、普遍的人間という概念は、民族的・国際的な領域において受入れがたいものと考えられるだろう。もし兄弟が不平等なら、人間も諸国民もやはり不平等なのである。そこで危機は場所によって、ユダヤ人を人間以下の存在とする定義や、日本はそれ自体で優越性を有するとの断定や、ツチ族の虐殺――しかしツチ族自身は自分たちを人種的貴族階級と定義していた――を招来することになる。

　イングランドは北フランスと同様に、核家族の国であるが、遺産相続規則に関しては曖昧である。少なくとも一六世紀からは、財産は、子供たちが結婚して他所に居を構える時に自由に分割され、それぞれ適当に分け与えられたか、両親の死亡の際に遺言によって自由に分配された。したがってイングランドの基礎的イデオロギーは、自由主義的にして非平等主義的なものとなる。兄弟は互いに異なるのだから、人間も諸国民もやはり互いに異なるのである。しかしながら、厳密な不平等主義が不在であることから、イングランド、ならびにアングロ・サクソン圏一般においては、移行期に暴力的で絶対的な不平等主義的教義の出現は不可能であった。

イスラーム教は、普遍主義的な大宗教の一つである。それゆえイスラームが支配的宗教である国々に、平等主義的な遺産相続法が見出されるからと言って、驚くことはない。しかし規則は絶対的ではなく、マレーシアやインドネシアのような国では、イングランドを思わせるような曖昧な遺産相続規則が行なわれている。そう言えば、一九六五年から一九六六年にかけてのインドネシアの反共産主義の激発の特徴も、ある種のイデオロギー的曖昧さであった。

父系と夫方居住

コーランは「女」のスーラ〔章〕で、かなり複雑な相続法を詳細に開陳している。それは男子に関しては実質的に平等主義的なのだが、女子は半人前の取り分に甘んじなければならないとされた。その上、遺産のかなりの部分が、狭い意味での家族の枠を越えて分配され、いとこたちにも分け与えられなければならない。コーランが規定する分数の組み合せは、算術の訓練が盛んに行なわれていたことを思わせる。非宗教性を擁護する神学者たちは、きっとこれらのコーランの遺産相続規則と共和国の法とが両立するかどうか心配することだろう。しかしこの点については直ちに彼らの懸念を払拭することができる。というのも、モロッコからインドネシアに至る、具体的なイスラーム社会の大部分は、これらの規則を適用していないからである。アラブ圏にせよイランにせよ、女子に半人前の分け前を与えるという規則は尊重されず、姉妹たちは単純明快に遺産相続から除外される。ちょうど近代以前のロシアや中国の場合と同様である。マレーシアやインドネシアでは、男子も女子も遺産を相続する。さらに実際上は、財産の母系継承に特典が認められるのである。

実際イスラーム圏は、家族システムの面ではいくつかの特殊性を見せるが、それだけでなく、根本的な多様性を呈するのである。大きく三つの地域に分けることができる。この章で検討される中心地帯——アラブ、イラン、トルコ、パキスタン、バングラデシュ——は、その度合はさまざまに異なるとしても、男性に基礎を置く内に閉じこもる家族システムを特徴としている。その東のインドネシアとマレーシアでは、女性のステータスは高い。南のブラック・アフリカでは、大衆規模の一夫多妻制が行なわれており、それによって実際上、女性には相当の自律性が確保されている。これらのより女権尊重的なシステムについては、次章で分析する。

伝統的なアラブ家族の発展サイクルは、ロシアや中国のそれと似ている。その理想はやはり、父親とその妻帯の息子たちとの結合である。父系のシステムであって、財産の移転は実際上男性のみを考慮に入れる。男性が妻の家族に「入り婿」として入るのは、きわめて希である。複合的家庭集団の中への加入は、ほとんど常に若い夫婦が夫の家族の中に追加されるという形をとる。このシステムは夫方居住と呼ばれる。

一九八一年のシリアの国勢調査には、親族関係ごとの世帯の分析が見られる。それによると、男女を問わず結婚によって新たに家族に加わった者の総数の中で、入り婿は二・九%の割合しか占めていない。この比率が、妻方居住の指標となる。農村から都市に移ると、妻方居住の率はいくぶん上昇するが、それでもきわめて少数派に過ぎない。農村部では一・六%（つまり夫方居住の率は九八・四%）、都市部では五・二%（つまり夫方居住の率は九四・八%）である。

この状況は、アラブ、イラン、パキスタンの違いにかかわらず、イスラーム中心地帯全域の特徴である。モロッコでは、一九八二年の国勢調査の示すところでは、農村での妻方居住率はわずか一・五%、都市での妻方居住率は一二・三%となっている。一九七六年のイランの国勢調査では、農村の妻方居住率は三・二%、都市のそれは一一・三%である。きわめて微細ではあっても、シリアとモロッコおよびイランとのこれらの差異は有意的である。モロッコとイランでは、妻方居住率は、都市部で二倍も速く上昇している。これは夫方居住の原則の強固さが、それほど絶対的でないことを示す印に他ならない。イランでは農村部の妻方居住率が全国的にやや高いが、このことは有意的である。カスピ海沿岸部では、州によっては五%に達するところもある。トルコについては比較できる数値が手元にないが、さらに高い率が想像される。西部においては州によって、女性が男性同様に遺産を相続できるからである。

アラブの中心地帯においても、一国の内部で重要な差異が検出される。シリアでも、住民がアラウイ派（公式にはシーア派につながるイスラーム分派であるが、真にイスラーム的かどうかは、時として疑問とされることがある）の諸州は、妻方居住が、もちろん少数派ではあっても、きわめて有意的であるという点で特異である。すなわち農村部の妻方居住率は、タルトゥスでは六・六%、ラタキアでは一二・五%である。さらにそのすぐ南に位置するレバノンでは、妻方居住率は一〇％台となっている。これに対して、アレッポ、ラッカ、デラア、ハッサケ、デル・エル・ゾールといったシリア内陸部の諸州では、妻方居住率は一％以下に落ちる。これは紛れもない父系制的強迫観念の印である。

データは不完全だが、父系制的感情の強度は、どうやらアラブ圏の中心部から遠ざかるほど減少するようである。イラン、トルコ、モロッコ、シリア沿海諸州、レバノンはしたがって、父系原則が弱まる一種周縁地帯とも言うべきものに該当する。そこではかつて女性のステータスがより高かったことを示す痕跡が残っているわけである。妻方居住の分布は、男性優位の原則が中東の中心部から発して伝播して行った過程を喚起しているのだ。しかしながらこの拡大は宗教的要因によるものだとする説明を、探し求めても無駄である。中東の濃密で大量の父系制的性格は、イスラーム化に先立つものであり、実を言えば、アラブ圏そのものの民族的発生に先立つものなのである。それはすでにキリスト紀元前二〇〇〇年のメソポタミアに探知できる。せいぜい考えられるのは、アラブ人による征服は、父系制地域を地理的に拡大した、とりわけアフリカの地中海岸に沿って西方へと拡大した、ということに過ぎない。エジプトとマグレブの住民は、イスラームに改宗しアラブ語に転換した時、同時に父系制に転換したのである。

シーア派の相続法

女性に対してこれほど不利でなく、男性ならびに男性親族一般に対してこれほど有利でない家族システムの痕跡が、時として宗教システムそれ自体の中に見出されることがある。シーア派イスラーム教が多数派たるスンニ派と区別されるのは、政治的・宗教的権力の正統性についての考え方が異なること、神の掟を解釈する必要性が強調されること、あるいは、不正なものと感じ取られる世界への反抗の観念に価値が付与されること、等によってであるが、それだけに留まらない。遺産相続法も、この区別の主たる要素の一つなのである。シーア派の教えは、女子が男の兄弟に対して不利になる、半人前の分け前という原則を理論的には受入れているが、親等の遠い男性親族の力と権利を全面的に認めることはない。父親が死んだ時、男子がいない場合は、母親と祖父母が受け取るもの以外のものは、女子が取得するのであり、男性のいとこは相続から徹底的に排除される。これはアサバ（男性親族）が大きな権利を有するスンニ派地域で認められているところとは逆である。「そしてアサバには、埃でも噛ませておけ」という諺は、最も広義での父系原則というものに関するシーア派の態度を、完璧に要約している。[1]

レバノンのような多宗教の国では、イスラーム教のスンニ派とシーア派の教義が共存しており、人によっては遺産相続権と自由に戯れることも可能になる。独立後のレバノンの最初の首相であるリヤド・エルソルは、生まれはスンニ派だったが、女の子しか持たなかったため、彼女たちに財産の大部分を伝えることができるように、シーア派に改宗することを選んだ。

イランで妻方居住拡大世帯のやや高い比率が観察できるのは、それゆえ非常に有意的なのである。それは、近代化のプロセスが始まる直前において、シリアのスンニ派地帯では反女権尊重的で氏族的な態度が優勢であったのに対して、同じ段階においてイランには、その傾向が明らかに少ない態度があったことを表現している。とはいえシリアのアラウイ派地域には、さらに大幅な女性に有利な方向への修正が見られる。しかしそこでもまた、女性に対して不利な点が少ない家族システムの土台の脇を固め、保護しているのは、宗教的な差異なのである。

とはいえ、宗教的変異体と家族的変異体とが合致するとしても、その合致は決して絶対的ではない。イランでは、シーア派教義はペルシャ語地域もアゼルバイジャン語地域も一様にカヴァーしている。それにシーア派教義は、トルコ語系のアゼルバイジャン人たちがイランの国民の一員であることを保証する基本的な絆なのである。しかしアゼルバイジャンの家族は、中心的なペルシャ・システムより父系制的で夫方居住的であり、実際、夫方居住率は九八%を越えている。

内婚制

イスラーム国における女性の生涯は、ロシアや中国の家族における女性の生涯とは異なる。女性は家族と家族の間で交換されるのではなく、それが可能な場合には、いとこにめあわされる。「アラブ風」と言われる結婚の理想は、父親の兄弟の娘との結婚、つまり、現行の人類学の用語を用いるなら、父方平行いとことの結婚である。兄弟の子供たち同士の結婚は、兄弟の連帯性を延長し、永久化する。しかし理想的な女のいとこがいない場合は、他のいとこか、もっと遠い血縁の女性の方に目を向け、場合によっては血縁のない女性にも目を向ける。

表2　1990年初頭におけるイスラーム諸国の内婚率

スーダン	57	クウェート	30
パキスタン	50	アルジェリア	27
モーリタニア	40	エジプト	25
チュニジア	36	モロッコ	25
サウディアラビア	36	アラブ首長国連邦	25
シリア	35	イラン	25
ヨルダン	33	バーレーン	23
オマーン	33	トルコ	15
イエーメン	31	バングラデシュ	10
カタール	30		

（注）15歳から49歳の女性の、夫との親族関係による比率。
（情報源）以下の調査による。世界出生率調査（WFS）、人口・保健調査（DHS）、児童発達のためのアラブ・プロジェクト（PAPCHILD）、汎アラブ家族保健プロジェクト（PAPFAM）、湾岸調査（Gulf Servey）。

このようなシステムが機能するためには、父方いとこ間の婚姻を禁じる外婚規則が弱いことが、もちろん必要である。ロシアでは、伝統的にキリスト教国である大部分の国々でと同様に、いとこ同士の結婚に対する禁止はほぼ絶対的であるが、中国では男の兄弟の子供同士の結婚にしか及ばず、他の型の組み合せは容認される。母方の女いとことの結婚もしくは父の姉妹の娘との結婚の頻度は、中国において、全結婚数の一〇％を越えることはない。それに反してアラブ圏では、内婚原則は大量に適用され、その率は二五％から四〇％の間で変化している。

サウディアラビア、シリア、ヨルダン

を含むアラブ中心地帯が目につくが、そこではいとこ同士の結婚の比率は高い（三三％から三六％）。奇妙なことだが、チュニジアの率は三六％で、オーマン（三三％）とともに、この内婚核心部に属している。しかし全体として、中央地帯から遠ざかるほど、この比率は軽微な減少を見せる。イエーメンは三一％、カタールは三〇％、クウェートは三〇％、アルジェリアは二七％、エジプトは二五％、モロッコはアラブ首長国連邦と同様に二五％である。アラブ圏の外に出ても、この傾向は変わらない。イランは二五％という典型的な周縁的比率を見せ、トルコはさらに低い一五％の比率を呈する。バングラデシュでは、比率はおそらく一〇％に落ち、マレーシアでは、どうやら七から八％前後となり、インドネシアではさらに低くなる。

イスラーム圏の最周縁部には、イスラーム教への帰依がいささかも内婚への選好を意味することのなかった住民が存在する。ボスニア、アルバニア、コソヴォのイスラーム教徒は、完全に外婚制をとっており、カフカスのチェチェン人やカザフ人も同様である。旧ソ連邦の領域内では、ウズベク人とタジク人は、正確な比率についてはデータがないものの、内婚の実践を遵守している。アゼルバイジャン人——アゼルバイジャンではなく、イランに居住する者の方が多数に上る——については、比率は一〇％から二〇％の間で、おそらくは二〇％に近い数値と考えられる。

しかしながら、中心から外れたいくつかの地域で、中心地帯を上回る著しい高率が見られ、これは、アラブ圏の中核から遠ざかるにつれて、内婚制が減退して行くとするモデルには収まらないように見える。スーダンでは比率は五七％に達し、パキスタンでは五〇％、モーリタニアでは四〇％に達するのだ。

いとこ同士の結婚は、コーランの命じるところではない。父系制の場合と同様に、アラブ圏の民族発生そのものより前に出現した、イスラーム教以前に遡る慣習なのだ。とはいえ、中心地帯から遠ざかるにつれて比率が下がって行くという分布のありさまを見ると、イスラーム教が伝達手段となって、中東に存在していた内婚的慣習が地理的に拡大するに至ったことが推測される。このモデルはどうやら宗教的理由で拡大したわけではなさそうで、むしろそれが、コーランのメッセージの担い手たるアラブ人という威信溢れる集団のモデルであり、征服された地域においては、宗教の面でも、あらゆる種類の社会慣習の面でも、アラブ人は模倣するだけの価値があった、というのが拡大の理由と考えられる。これとは逆のキリスト教の外婚制への執着は、反対に全く明示的なものであり、偏執的とさえ言えるのであり、数多の宗教会議で再確認され、教会法の中に明記されている。

スーダンとモーリタニアには、アラブ以前からいとこ同士の結婚の慣習が存在し、これによって、先ず最初はアラブの慣習であり、次いでイスラームの慣習となった内婚制が強化された、と思われる。ブラック・アフリカ北縁の遊牧民にはきわめて高率の内婚が見られることも、ここで指摘しておくべきだろう。とりわけプール人〔フルベ人〕は、五〇％台の率を示している。

いとこ婚五〇％というきわめて高い率を見せるパキスタンについては、北インドの外婚制文化との接触前線の効果というものを、あくまでも仮説としてだが、考えることができよう。内婚制は、集団を他の集団に対抗して定義する慣習として、アイデンティティに関わる争点となったようなのである。パンジャブ語の住民は、パキスタン・インド国境の両側に分布しているが、イスラームが勝利した地域では徹底的に内婚的であり、シーク教もしくはヒンズー教地域では完全に外婚的なのである。

内婚制の心理的・イデオロギー的帰結

アラブの家族は、要するに夫方居住で内婚である。このシステムは、外に対して閉ざされた、温かい、きわめて抵抗力のあるシステムに他ならない。アラブ圏各地の共同体の内部における生活と感情を記述したモノグラフを読むと、このシステムがどれほど拘束的でないものとして体験されているかが分かる。それは、父系の大家族ではあるが、外婚制の、ロシアや中国の家族とは正反対なのだ。ロシアと中国の家族においては、親子関係、夫と妻の関係は、恒常的な心理的暴力の雰囲気に浸っているように見える。近代化の局面に入ると、これらの家族システムは急速に瓦解したが、それはおそらく、住民自身が自分たちの生活様式を加害的なものだと感じ取っていたからなのだ。アラブ家族には、そんなところはこれっぱかりもない。内婚は、大家族システムが誘発する複雑な人間関係のとげとげしさを和らげてくれる。嫁とは、姑に迫害される余所者の女（あらゆる外婚モデルに共通）でも、舅に強姦される余所者の女（ロシア・モデル）でもなく、生まれた時から親族の中にいる、舅姑の姪というステータスを持って結婚生活を始めるのである。

したがって内婚制は、人が想像しがちなところとは逆に、女性にとって保護者的な役割を果たす。父系外婚システムがしばしば引き起こす災厄の一つは、女性嬰児の殺害である。男と男の結合で構築されるシステムの中では、女子には大して価値がない。他の家族集団の再生産を確実にするために家を出るというのが、女子の定めなのだ。家族にとって負担であり、数が多すぎると淘汰されるのである。中国や北インドの父系外婚システムには、女性に対して男性の比率があまりにも高すぎるという、全く不正常な男性分布率[2]が姿を見せる。アラブ圏では、女子は家族の外に出る定めを持たず、いとこと結婚して家族内に留まり、叔伯父の一時的権威の下に暮らす定めなのだ。このような環境は当然保護者的なものとなり、女性嬰児の殺害は、アラブ圏の伝統には属さない。時として父系的要素と男子への選好のゆえに、死亡率のアンバランスが起こることはあるにしても。**表3**は、〇歳から五歳までの女子の高死亡率を示すものである。父系のイスラーム圏は、男子に有利な偏りを見せているが、それでもその偏りは強度において、中国やインド、とりわけパンジャブとハルヤナ〔いずれも北インド〕で観察される偏りにいささかも達することはない。女性の高死亡率で中国が上位につけているのは、羨むべきことではないが、これは近年の現象であって、出生率の低下の逆説的な結果なのである。出生調節以前には、北インドは全体として、不正常なまでに男性分布率の高い地域であった。父系原則が人々の心性を支配しているとなると、人々は男の跡取りを生産することを要求される。子孫の数を制限しなければならなくなると、家族はともすると女子を淘汰することになる。それも大抵の場合は、注意が行き届かない結果なのだ。それゆえに人口学的近代化が起こると、女性嬰児

表３　女子の高死亡率指標

（通常値＝100）

国名・地名	0-5 歳の女子の高死亡率	国名	0-5 歳の女子の高死亡率
パンジャブ	198	インドネシア	111
中国	184	チャド	110
ハルヤナ	177	スーダン	110
ウッタル・プラデシュ	143	ナイジェリア	110
ラジャスタン	140	バングラデシュ	108
ビハール	135	クウェート（*）	108
モルジヴ	134	モーリタニア	108
コソボ	131	アルジェリア	108
トルコ	121	キルギスタン	107
ヨルダン	121	セネガル	106
アゼルバイジャン	120	パレスチナ	106
イラン	119	サウディアラビア	106
パキスタン	119	レバノン	105
オマーン（*）	118	ジブチ	105
バーレーン（*）	117	ガンビア	105
リビア	116	ソマリア	104
ニジェール	115	マレーシア	103
ブルキナ・ファソ	115	ボスニア	102
カタール（*）	115	モロッコ	102
アルバニア	114	ギニア・ビサウ	101
ウズベキスタン	113	コモロ	100
エジプト	113	ギニア	100
アフガニスタン	113	イラク	99
チュニジア	112	マリ	97
シリア	112	アラブ首長国連邦（*）	95

（情報源）最近のアンケート調査および国勢調査。女子の異常死亡率測定については、以下のものによる。K. Hill and D. M. Upchurch « Evidence of gender differences in child health from the Demographic and Health Surveys », *Population and Development Review*, vol. 21, n° 1, mars 1995, p. 127-151.

＊印は、人口に外国人は含まない。

の相対的高死亡率が増加するというおぞましい効果をもたらすのである。イスラーム諸国では、伝統的な内婚制が、こうした慣習に対する明瞭な緩和効果を発揮する。また同様に、女性の自殺に対しても緩和効果を発揮するのである。女性の自殺率は中国できわめて高く、中国は女性の自死が男性のそれを上回る唯一の国である。[3] 父系・内婚のアラブ家族の保護者的性格は、この人類学的システムが支配している国々での自殺率の極端な低さを説明する要因に他ならない。しかしここにおいて個人を統合し保護しているのは、家族構造であって、宗教それ自体は、こうしたイスラーム圏中心部の自殺率の低さとは何の関係もないのである。

アラブ住民が自分たち自身の家族システムに愛情を抱いているのは、中国人やロシア人が恨みを抱いているのと全く対照的であるが、これを理解しようとするなら、アラブの家族システムを支配している権威の型にも目を向ける必要がある。それは巨大であるが、それと同時に現実に存在しないのである。そこでは父親の権威は虚構なのだ。結婚は慣習によって決定されるのであって、そのため父親や叔伯父は、彼らの力を越える規則の受け身の管理者にされてしまう。若者は自分の女性のいとこに対して権利があり、叔伯父がその権利主張を免れようとするなら、交渉して損害賠償を支払わなければならない。伝統的アラブ家族の現実とは、ロシアや中国のような父親の全能（時としてサド的にもなり得る）ではなく、兄弟といとこの連帯なのであって、このきわめて水平的なシステムにあっては、慣習の権威が結局のところ、両親の権威にほとんど余地を与えない。

内婚制による個人の保護は、おそらく近代化に抵抗することはないだろう。この慣習の崩壊は、予測できるし、時としてはすでに観察することができる。アンケート調査によれば、教育水準が上昇すると、内婚率は下がることが分かる。国によっては、近年になって全体的な率が有意的な低下を見せたところもある。ヨルダンでは、本いとこ同士の結婚の比率は、一九九〇年代初頭の三三％から、二〇〇二年には二六％に落ちた。同じ時点で、エジプトでは二五％から一七・五％への低下、アルジェリアでは二九％から二二％への低下である。われわれが時間的変遷の検討を可能にしてくれるデータを持っている国々の中で、唯一イエーメンのみは抵抗を示し、内婚率は一九九二年に三一％だったのが、一九九七年には三三・七％に増えている。しかしこの国はアラブ圏の中で最も遅れた国であり、人口学的移行は始まったばかりなのである。

近代化の衝撃

アラブ、イラン、パキスタンの伝統的家族は、父系、夫方居住、内婚である。それは個人にとってこの上なく統合的なシステムであり、おそらく全地球上で観察し得るもっとも強力な家族である。したがってそれは、権威関係を揺るがす近代化の衝撃を特別の激しさで被ることになる。男性優位の原則は、女性識字化と性行動の変貌によって特に脅かされる。父系地域での出生調節の普及には男性も重要な役割を担うのは、すでに見た通りではあるにしても。それゆえ、これらの国々が識字化ハードルを越えた時、そして出生率が低下し始める時に、イデオロギー的混乱の印が大量に観察されるとしても、驚くことはない。移行期イデオロギーに他ならないイスラーム主義は、この危機から生まれる。イスラーム主義の特徴を成すいくつもの要素のうちには、完全に標準的なものもある。例えば平等主義がそれで、これはフランスやロシアや中国の革命の場合と同様、家族構造の中に刻み込まれている兄弟の平等の原則から派生したものなのである。

しかしながら特殊な過去への執着を想起させる要素が二つある。まず女性のステータスへの固着である。スカーフと羞恥心〔顔を隠すこと〕への偏執は、父系原則が女性の教育と出生調節の伸張によって脅かされていることへの住民の不安を示している。次が宗教感情の一時的再活性化であるが、これはフランス大革命の反教権主義や、ロシア革命や中国革命の戦闘的無神論とは、くっきりと対照をなしている。

アラブ諸国やイランで、近代化は平等主義的にして革命的なイスラーム主義イデオロギーを分泌したが、このイデオロギーはまた、革命的高揚に加えて、神のイメージの高揚も含み持っている。家族と移行期イデオロギーの関係についての仮説を受入れるなら、このことは全く正常なことである。近代化はアラブとイランの伝統的家族を揺るがせた。おそらくは最後には破壊するであろう。しかしこの動きは、解放者的として受入れられるいかなる理由も持たないのである。というのもこの地の住民は、自分たちの家族システムを愛しており、保護者的で自然なものとしてそれを経験していたからである。それとは逆にロシアと中国の農民たちは、己の家族システムを疎外的なものとして体験していた。ロシアと中国では、近代化の衝撃は、父系・外婚のその家族システムのさらに急速な破壊を要求するイデオロギーを生み出した。イデオロギーによる加速化と言っても良かろう。アラブ諸国やイランでは、移行期危機はとりわけ、激しい過去への執着を現出した。これは愛するシステムにしがみつきたいという欲求に他ならない。このシステムの中核にあって、父親は中心的にして抽象的であり、彼自体が内婚の慣習によって支配されており、婚姻の領域ではこの慣習によって子供への現実の権力を奪われている。近代化によって産み出された宗教的なものへの回帰は、家族に対する、父親に対する、それゆえ神に対する肯定的な関係の帰結なのである。イスラームの特に抽象的で、抑圧性の少ない神は、アラブ家族の偽の権威しか持たぬ父親に対応するわけである。

第四章

非アラブ圏のイスラーム女性

――東アジアとサハラ以南のアフリカ

最も頻繁にイスラームに結びつけられる決り文句の一つは、女性のステータスに関するものであり、多くの者が、この宗教システムにおいては女性のステータスは低いと考えている。アラブないしイラン圏、パキスタン、旧ソ連の中央アジア、東部トルコ、アルバニア、コソヴォにおいて、実際イスラーム教は、強度に父系的で、大抵は内婚制の家族システムと合致している。ただしこの領域の北縁部においては外婚制であるが。しかしながらそれより東と南にイスラームは広まったが、その地域の家族システムは反女権的とはいささかも考えられない。インド以東のアジアで、イスラームはほとんど系統的に、妻方居住の、時として明瞭に母系的なシステムと結合することになった。この逆転は説明されるに値する。南の方、サハラ以南のアフリカでは、多くのステレオタイプの考えるところとは逆に、大衆レベルの一夫多妻制が、女性の自律性を保証している。それはイスラーム圏中心部に観察されるものとは明瞭に異なるものである。

マレーシア・インドネシアの妻方居住

マレーシアでもインドネシアでも、若い夫婦の添加によって家族が拡大する時、妻の家族が一定期間（大抵は第一子の誕生までの間）彼らを受入れるケースが三分の二に上る。この慣習は、一時的同居と呼ぶことができる。しかしながら、マレーシアとジャヴァの住民の親族システムは、フランスのシステムと同様に、男女が平等の遺産相続権を有するものであるから、双系と考えることができる。しかしスマトラには、明瞭に母系的と呼ぶことのできる地方的民族集団が存在する。遺産は女性を通して伝えられ、妻方居住率は極めて高いからである。スマトラの北端のアチェ州は、つい最近まで自治権獲得運動の騒乱の地であったが、一九七一年の国勢調査によれば、ここの妻方居住率は七七％だった。西スマトラ州は、活動的で移動性に富んだ民であるミナンカバウ人が居住するところだが、この妻方居住率は九一％に上る。アチェ州では、母親とその結婚した娘たちを中心とする安定的な大家族が観察される。ミナンカバウ人は、その母系の家族構造のために、従来より人類学の研究対象となっている住民集団の一つである。インド南部のケララのヒンズー教系のナーヤル人の家族構造と同様に、この家族構造では、男性の地位は周縁的で不安定なものとなり、伝統的な共同体の中には、しばしば男はモスクに行ってそこで寝る、という慣習を持つものまである。

極東のイスラーム系住民の妻方居住の原因は、イスラーム教に帰することはできない。

妻方居住は、ミャンマーとタイを含むはるかに広大な圏域の特徴であるが、ミャンマーとタイは伝統的に仏教国である。これに対して、妻方居住が存在するところで母系制の過激化が見られるが、これはイスラーム教となんらかの関係があるに違いない。アチェ人とミナンカバウ人は、インドネシアで最もイスラーム化の度合が強い集団に数えられる。もっと西のスリランカの少数民族、イスラーム・タミル人（別名、モール・タミル）の特色は、遺産相続が母系で行なわれることであり、妻方居住率が九〇％に上る。これに対してスリランカ人自体の親族システムは、双系で（夫方居住率は六〇％）、ヒンズー・タミル人の親族システムは父系である（夫方居住率は八五％）。インドより先では、イスラーム教の前進は軍事的征服によってなされていない。その浸透は遅く、一三世紀から一七世紀の間に進行した。商人たちがイスラーム教を運んだのであって、その採用は強制によるものではなかった。宗教の信仰は、アラブの父系親族システムとは切り離されて伝わったと思われる。妻方居住の住民と父系の宗教が接触した時、逆に妻方居住の正統主義的過激化が起こり、その結果、掛け値なしに母系的なシステムがいくつか出現するに至ったと考えられる。「あなた方の宗教は戴きますよ。でもここでは大切なのは男ではなく、女なのです！」このような姿勢が、家族システムを元々のあり方を越えた彼方にまで運んで行ったわけである。このような母系的システムが存在するという事実は、例えばイスラーム教とフランス民法の両立は不可能と断ずる社会神学者たちにとっては、厳しい教訓に他ならない。というのも、イスラームの信仰篤いミナンカバウ人は、単にコーランの相続法を勝手に解釈しているというだけでは済まないのだ。実は彼らは、女性を財産の伝達の手段として用いるという、全く正反対の規則を採用しているのである。スリランカのイスラーム・タミル人に至っては、マホメットが定めた平等主義的な規則に対する無関心をもっと押し進め、遺産の大部分を長女に残す女性長子相続権までも実践している。

サハラ以南アフリカの大衆的一夫多妻制

専門家でもない限り、マグレブなり、パキスタンなり、トルコなりの家族が内に閉じこもる傾向があることは感じたとしても、家族集団内部での婚姻の問題について、キリスト教とイスラーム教が正反対であることは、普通の人は知らない。マホメットの宗教とフランスの法律との間の両立可能性を気遣う非宗教的な統合論者も、内婚制をイスラーム教にとって不利なお荷物として注目してはいない。今日、フランス共和国は理論的には、いとこ同士の結婚を認めているが、それは相変わらずカトリック教が排斥するところである。しかし実際上は、親族内の婚姻は、キリスト教出自の住民にとってこれまで以上にタブーなのである。ところがユダヤ教の伝統は、アラブ圏ほど内婚への選好が強くはないまでも、いとこ同士の結婚を認めており、時には斜め婚と言われる叔伯父と姪の結婚さえも認めている。これはコーランの掟もカトリック教も等しく禁じているところである。

それに反して、複数の妻を持つことは――コーランは四人までの妻帯を認めている――神学イデオローグが従来より問題視するところである。一夫多妻制は、イスラーム圏、特にアラブ圏に存在するが、そこではそれは少数派的な慣習であり、女性の一〇%に達することは希で、大抵は五%前後に関わるに過ぎない。一夫多妻制が本当に大衆規模の現象であるのは、ブラック・アフリカにおいてであって、一夫多妻結婚をしている女性の比率は、三〇%から五五%に上る。マリ人移民がかなりの数フランスに居住していることが、アフリカの一夫多妻制とイスラームの一夫多妻制とのある種の混同を引き起こした。マリはアフリカの国であると同時にイスラーム国でもあるからである。しかしアフリカの大衆規模の一夫多妻制は、イスラームには何も負っていない。東のスーダン、西のモーリタニアという、この圏域の両極端に位置する二つの国を検討してみれば、その証拠は直ちに得られる。この両国では、「アラブ人」と呼ばれる集団が、必ずしも常に平和的にとは行かないが、アフリカ黒人住民と共存している。その両方のケースで、アラブ人集団の一夫多妻率は、サハラ以南〔黒人系〕の住民のそれに較べるとはるかに低い。二〇〇〇年から二〇〇一年にかけての調査によれば、モーリタニアでは、その対照は目を見張るほどのものである。すなわち、アラブ人では四％であるのに対して、プーラール人では二七％、ウォロフ人では三三％、ソニンケ人では五五％に上るからである。スーダンでは、一九七八年から一九七九年の調査で、よりアラブ化された北部州では一夫多妻率は九・三％であったのに対して、今日悲しいことに内戦と飢餓で有名になってしまったダルフル地方では、三七・九％だった。一夫多妻制の中心は、西アフリカ内陸部、特にブルキナ・ファソに位置する。この国は宗教的には分断された国であって、その住民の五〇％しかイスラーム化されていない。このような宗教上の不完全さにもかかわらず、この国は、一九九八年から一九九九年の調査で、一夫多妻制下に暮らす女性の率が五五％という限界値に達しているのである。

イスラーム教は理論的には、キリスト教よりも一夫多妻制に適応する。キリスト教は外婚制に執着するのと同様に頑強に一夫一妻制に執着する。アフリカでは統計的事実はこれらの理論的想定事項の正しさを裏付けることになるが、必ずしも常にそうなるとは限らない。実際ナイジェリアでは、北部のイスラーム化された諸州では、一夫多妻結婚をした女性の率は四〇％から五〇％に達し、キリスト教が支配的な南東の州では、それは「わずか」三〇％にすぎない。とはいえこのことは、キリストの宗教の一夫一妻制への選好が土地の慣習に見事に適応したことを表している。コート・ディヴォワールでは、北部のイスラーム教徒の一夫多妻率は四四・五％で、それに対してキリスト教徒ではそれはわずか二四・七％である。しかし伝統的なアニミズムの信徒における一夫多妻率は四七・五％で、イスラーム教徒におけるよりもさらに高い。この現象は、アフリカの一夫多妻制がマホメットの寛容主義と想定されるものに、どれほど何も負っていないかを、よく示している。チャドでもまた、イスラーム教徒、キリスト教徒、アニミズム信徒が共存しているが、このチャドのケースはさらに教訓的である。と言うのも、同じような布置が見出されるにしても、重要な差異があるからである。すなわち、アニミズム信徒は五一・四％という最大の率を見せるが、ここではカトリック教徒（四六・八％）がイスラーム教徒（三五・六％）より明らかにより一夫多妻的なのであるから。

実はアフリカでは、イスラーム教が進出した地域の家族システムは、その到来の遥か以前からすでに形成され差異化されていた、ということなのである。ここには父系の家族システムも母系の家族システムも見出されるし、一夫多妻率もそれぞれ異なり、それぞれ特殊な女性のステータスも見られる。それらはイスラーム教の影響を受けている場合もあるが、影響は常に副次的なものに留まっている。本いとこならだれでも構わないが、何よりも父親の兄弟の娘が良いとする、アラブ風と言われる婚姻は、サハラ以南のアフリカの特徴ではない。この婚姻を実践するのは、サハラ砂漠のすぐ南に当たる、北外縁部の遊牧民のプル〔フラニ〕人たちだけだが、その率はアラブの規範を上回っているので、アラブ起源とは無関係に出現したものと想像する必要がある。それはまた同じ地域のいくつかの定住民（セネガル、マリ、モーリタニアのソニンケ人、マリのソンガイ人、ナイジェリア北部のハウサ人）の特徴でもある。西アフリカでは、大抵の場合、婚姻は外婚であるか、もしくは交叉いとこ、つまり兄か弟と姉か妹との子供たち同士の結婚への選好を特徴とする。この慣習はイスラームとは何の関係もない。歴史的・人類学的証明の詳細に入ることはしないが、われわれとしては、西アフリカの家族システムの本質的特徴は、大したものをイスラームの影響によってもたらされてはいない、と認めざるを得ないのである。せいぜいがところ、父系原則の多少の強化がもたらされたかもしれない、というくらいだが、

表4　アラブ・アフリカの一夫多妻制の割合

（単位　%）

アラブ圏		ブラック・アフリカ	
ヨルダン 2002	6.8	チャド 1996-1997	39.2
イエーメン 1997	7.1	チャド：ムスリム	35.6
モロッコ 2003-2004	4.7	チャド：カトリック	46.8
		チャド：アニミズム	51.4
境界諸国		マリ 1996-1997	44.3
スーダン 1978-1979	20.2	ブルキナ・ファソ 1998-1999	54.7
スーダン　北部	9.3	コート・ディヴォワール 1994	36.6
スーダン　ダルフール	37.9	コート・ディヴォワール：カトリック	24.7
モーリタニア 2000-2001	11.6	コート・ディヴォワール：ムスリム	44.5
モーリタニア	4.0	コート・ディヴォワール：アニミズム	47.2
モーリタニア	27.0	ナイジェリア 1990	40.9
モーリタニア　ソニンケ	55.0	ナイジェリア　北東部	43.6
モーリタニア　ウォロフ	33.0	ナイジェリア　北西部	49.7
		ナイジェリア　南東部	30.4
		ナイジェリア　南西部	38.4

（注）婚姻状態にある15歳から45歳の女性のうち、一夫多妻状態にある者の割合（%）。
（情報源）以下の調査：世界出生率調査（WFS）、人口・保健調査（DHS）、児童発達のためのアラブ・プロジェクト（PAPCHILD）、汎アラブ家族保健プロジェクト（PAPFAM）。

その特徴自体は、メソポタミアの場合と同様、アフリカにおいても、イスラームの浸透に大幅に先立つものに過ぎないのである。

アフリカ・イスラーム圏の特徴である女性のステータスは、アラブ女性のステータスと大して関係がない。一夫多妻制は、父系の強いシステムにおいてさえ、アラブ圏の内婚父系制のような閉ざされた形態を帯びることはない。

ヨーロッパ人の妄想の中で、複数の妻を持つ男というのは、支配者である。理論上はそうかもしれない。しかし現実には、一夫多妻世帯というのは、女とその子供たちからなる基礎的単位がいくつか集まったものに他ならず、このような複合的構造の中で、男はその中心にいるにはいるのだが、実際は女から女へと渡り歩くに過ぎない。そして女たちは大きな自律性を有している。男性への従属の外見を越えて、アフリカの女性は、イスラーム地域であろうとキリスト教地域であろうと、はたまたアニミズム地域であろうと、家に閉じこもることはないのである。それでももちろん父系でイスラームのマリと、母系でキリスト教徒かアニミズム信徒の、コート・ディヴォワールのアシャンティ人地方との間には、著しい差異が存在するとは言えるのであるが。

これまでとは異なる移行期危機となるか

もし実際に、伝統的な家族的価値と移行期危機がまとう形態との間につながりがあるのならば、東アジアやサハラ以南アフリカのイスラーム諸国では、イスラーム原理主義とは別の運動や教義が出現することを想像することができるはずである。マレーシアとインドネシアについては、危機の大部分はすでに過ぎており、別の形態をとったことが、すでに分かっている。この両国はすでにしばらく前に識字化ハードルを越えた。マレーシアでは、マレー人、中国人、インド人の間の潜在的緊張のために、平等の観念にあまり関心を示さない家族システムを背景として、イスラーム教にも民族的アイデンティティの微妙な差が反映することとなった。インドネシアでは、平等の観念が微弱であるため、イスラーム主義的な宗教環境は存在せず、この国のイデオロギー的歴史を革命イランの歴史に引き寄せようとするなら、事実とその解釈とを乱暴にねじ曲げなければならないだろう。一九六五年の反共産主義虐殺、軍事クーデタ、近年の民主主義の浮上は、全く特殊的であって、中東で観察し得るあらゆる進行過程とも無縁のものと思われる。サハラ以南アフリカでは、識字化ハードルは越えられつつある最中か、まさにこれから越えられようとしているところである。しかしイスラーム原理主義の明らかな印を示している地域がただ一つある。それはまさにナイジェリア北部で、そこに居住するハウサ人は、アラブ・モデルに似た内婚モデルを持っている。それより先のことについては、先入見なしに、移行期危機がいつ起こるのか、そのとき出現するイデオロギーの価値と形態はいかなるものか、といった点を想像するなり、検討するなりする必要があるだろう。このことはアフリカのイスラーム圏にも、キリスト教圏にも、アニミズム圏にも、等しく当てはまることである。

第五章

イスラーム世界の核心、アラブ圏

一九六〇年代に高名なアメリカの人口学者、ダドレー・サーク[1]は、イスラーム教徒の出生率の高さは普遍的であることを明らかにしたと考えた。それは低下へのいかなる傾向も見せず、他の宗教の信徒の出生率より高いものであり続けるだろうと、彼は述べた。アラブ人の九七％はイスラーム教徒である。したがってアラブ人の出生率の高さはイスラーム教の所為なのであり、イスラーム教はキリスト教ないしユダヤ教という他の一神教よりも出産奨励的である、と彼は考えた。この問題設定は、今日では完全に時代遅れとなっている。

アラブ圏の出生率は、一世代で半減した。一九七五年から二〇〇五年までの間に、七・五から三・六に落ちたのである。アラブ女性で高等教育を受ける者の数はますます増えており、彼女たちの出生率は、二・一という世代交代最低水準をわずかに越えるか、しばしばさらに低いレベルに達しているからである。これは南から見たら、目覚ましい低下ということになるが、北から見たら、女性一人当り子供一から二の間に収まる西洋や極東の出生率よりも、依然としてまだまだ高い。出生率が低下し始める以前の、移行期前の状況においては、アラブ諸国はほとんどどの国も、極めて高い情勢指標を示していた。モロッコからエジプトを経てイラクまで、シリアからサウディアラビアまで、子供七、八人というのが共通の標準値であった。[2]

他の国より出生率が低い国が、二カ国あった。レバノンとバーレーンであるが、レバノンでは移行期は、実は一九二〇年代に遡る。当時多数派だったキリスト教徒の間で、出生率は子供五・五に「しか」達していなかった。それはキリスト教徒の女性が出生調節をしていたからではなかった。出生調節は大部分がヴァチカンに禁止されていたのである。同じく堕胎も禁止されていた。キリスト教徒の女性は、結婚が遅いか、決して結婚しなかったからである。我々から見てさらに遠方のバーレーンは、アラビア半島における西洋の[3]ショーウィンドウであるが、シーア派が多数を占めるこの国の住民は、時代に先駆けて西洋モデルに接する機会が多かった。出生率は移行期以前に、女性一人当り子供六・二に「しか」達していなかったのである。

事態は大きく変わった。世代交代最低水準を下回った国は二カ国あり、したがってこの両国は、出生率についてはヨーロッパ諸国と区別がないことになる。まずレバノンだが、女性一人当り子供の数は一・七で、イギリスの指標をわずかに上回るに過ぎない。もう一つはチュニジアで、出生率はフランスやアメリカのそれと等しい二・〇である。他にもいくつもの国が、女性一人当り子供二という「西洋的」指標の天井に近付いている。モロッコは二・四、アルジェリアは二・六、そして奇妙なことにリビアは二・九である。子供三のハードルを下回っていない諸国がある。エジプト、シリア、ヨルダン、イラク、サウディアラビア、ならびに諸首長国である。[4] しかし子供六・二のイエーメンは、今やアラブ圏の中でも、孤立した遅れた国に他ならない（図1参照）。

予期せざる、遅れて始まった移行期——識字化と石油収入

アラブ圏の人口学的移行（一九八五年から一九九〇年）は、アジアやラテン・アメリカと較べても遅く始まっている。それはまず最初には、この二つの大陸に較べて識字化が遅かったことで説明できる。しかしわれわれとしては、アラブ圏の大部分は、識字率についてはかくも多様なのに、人口学的移行期に入る時期が全体としてかなり短い期間に集中しているのは何故か、も説明しなくてはならないだろう。二二カ国中一三カ国で、出生率は一九八五年から一九八九年までの間に本格的に下がり始めた。こうした全体的な動きは、レバノンを除いて最先進国であるシリアとヨルダンが、その識字化水準から予想されるよりも遅れて移行を行ない、モロッコやチュニジアのような国々が、その教育水準が予想さ

図1　アラブ諸国の出生率（移行期以前および2005年）

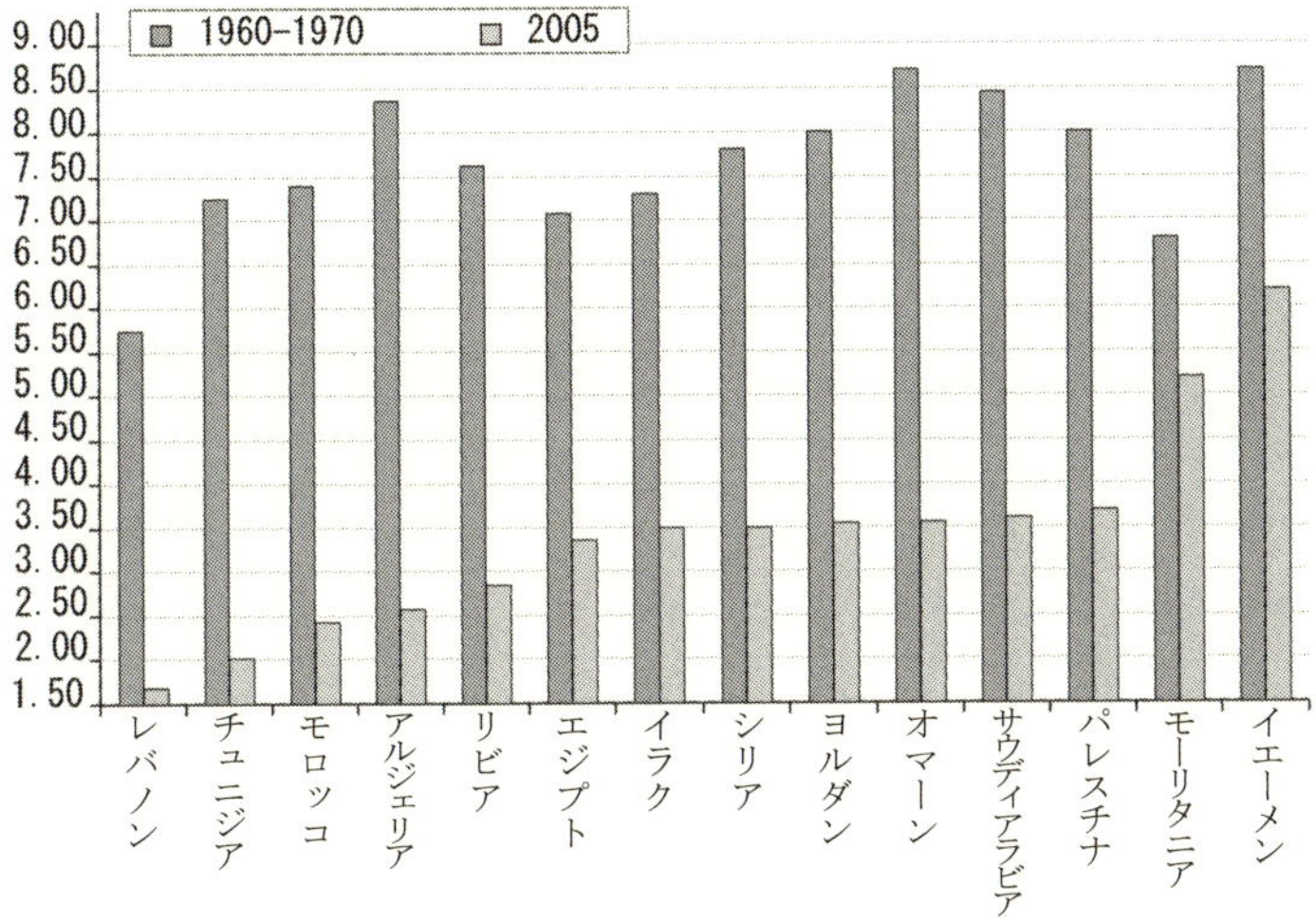

（情報源）以下のものによる国別データから計算：世界出生率調査（WFS）、人口・保健調査（DHS）、児童発達のためのアラブ・プロジェクト（PAPCHILD）、汎アラブ家族保健プロジェクト（PAPFAM）、湾岸調査（Gulf Servey）のアンケート調査、戸籍および人口調査で記録された出生。

せるよりも急速に進んだ、ということを意味している。実際このマグレブ〔西方アラブ世界。北アフリカ西部のこと〕の二国は、それぞれ一九七五年頃と一九六五年頃に移行期に入っている。つまりマシュレク〔東方アラブ世界。中東地中海岸とイラクに当たる〕の最先進諸国よりも前なのである。そこで識字化の時点がさまざまに異なっても、出生率の低下の時点は集中することになったわけである。石油収入の経済的メカニズムによって、この逆説は説明することが可能になる。

アラブ経済は、他のどれよりも石油収入に依拠している。すべてのアラブ諸国が産油国であるわけではないが、石油収入はすべてのアラブ諸国の経済を潤しており、その度合はさまざまであるが、最も富める者から最も貧しい者まで、すべての国の住民を潤している。労働からの収入とは無関係に、より多くの子供を育てることが、石油収入によって可能になっているのである。まず第一期には、高水準の原油価格によって、移行の原動力がその効果を大幅に失った。[5] それは教育だけに限った話ではない。死亡率の低下、都市化、工業とサーヴィス業の活力、農業の衰退、こういったこともここで挙げておくべきである。第二期になると、原油価格の暴落が起こり、アラブ圏全体の家族の財力が急激に減少することになり、そのため圏内全域で出生率のほぼ全般的な下落が引き起こされた。

出生率の低下はアラブ諸国の三分の二を同時に襲った。その波は、まことに例のないことだが、南から北へと国々を席巻したのである。知らぬ間にその先駆けとなったのは、アラビア半島の国々だった。実のところ、この国々の方が今やエジプトよりも重要な国々となっているのである。サウディアラビアと産油国の諸首長国は、たしかにイスラーム原理主義という形で宗教的保守主義の種を撒きはしたが、同時にまた、あまり知られていないことだが、すべての国々に一種石油収入経済とも呼ぶべきものを押し付けることによって、人口学的近代化のサインを出すということも行なったのだ。つまりエジプトは玉座から追われたわけである。それにしてもこの国は、二〇〇七年の時点で人口七七〇〇万を抱える人口学的・文化的巨人ではあり、これに対して、アルジェリアは人口三四〇〇万、モロッコは三三〇〇万、サウディアラビアは二六〇〇万、イエーメンは二二〇〇万、シリアは二〇〇〇万、ヨルダンは六〇〇万である。ファルーク王〔エジプト王国最後の王。一九五二年に革命により国外追放〕の治世からナセルの時代まで、エジプトはこの上ないアラブ・モデルであった。流行の発信源であった。「エジプト」方言は至るところで幅を利かせた。それが証拠には、モロッコのような遠隔の国においてさえ、女中たちがエジプト方言を話し始めたので、フランス語しか話さない奥様たちは大変お困りになったのである。メディア（「ヴォイス・オヴ・アラブズ」）、テレビの連続ドラマ、映画によって、エジプトは近代的な女性のある種のイメージ（大勢の子供たちを抱えてはいない）を普及させた。当時はイスラーム主義は、極めて希で、いくつかの宗派の中に閉じこもっていたにすぎない。しかしエジプトの最初の人口革命は、もしかしたらアラブ圏全域に影響が及んだかも知れなかったものだが、一九七〇年のナセルの早すぎた死によって流産したのである。(6) 同時に「現代のアラブ・イデオロギー」であったナセル主義も死滅し、今日では忘れられている。

一九七三年のイスラエル・アラブ戦争と、原油価格の四倍増とともに、サウディアラビアとペルシャ湾岸首長国という周縁諸国が、地域的強国となった。イデオロギーとしてはイスラーム主義が、アラブ主義に取って代わったのである。エジプトは、その人口の多さにもかかわらず、数百万のエジプト人出稼ぎ労働者の貯蓄の引き渡しという手段を通してアラビア半島に依存する、二流国のランクに転落してしまった。この原油価格の高水準が維持された期間、アラブ圏の全域で出生率の適正化の必要性は減少したのである。

しかし一九八〇年から一九八五年までの間、原油の輸出価格は、アラブ首長国連邦とバーレーンでほぼ五〇%、クウェートで七五%、そして最も強力で、アラブ人移民の最大の受入れ国たるサウディアラビアで八七%減少した。石油価格の低下と、それに緊密に依存する国内総生産の減少とは、石油収入に依存する経済の崩壊を引き起こし、不動のものと思われた人口動態を揺るがせた。一九八五年から一九八九年の間に、一三のアラブ諸国で同時に出生率が減少し始める。サウディアラビア女性のそれは、一九八六年には子供六・五に落ちた。その一〇年前は、八・三だったのである。この石油ショックの揺り戻しは、スルタン治下のオマーンの戦闘的出産奨励主義を撃破し、同国の出生率は子供八・七から六・六五に低下した。石油収入の仕組みが、アラブ人とクルド人の間の民族紛争と組

表５　出生率低下開始の時期

-1950	1965-1970	1970-1975	1975-1980	1980-1985	1985-1990	1990-1995	1995-2000	2000-2005
					アルジェリア			
レバノン	チュニジア	モロッコ			リビア	オマーン	コモロ	パレスチナ
	エジプト(1)				モーリタニア		ジブチ	イエーメン
					エジプト(2)			ソマリア
					スーダン			
					シリア			
					イラク			
					ヨルダン			
					サウディアラビア			
					クウェート			
					アラブ首長国連邦			
					バーレーン			
					カタール			

（情報源）以下のものによる国別データから計算。世界出生率調査（WFS）、人口・保健調査（DHS）、児童発達のためのアラブ・プロジェクト（PAPCHILD）、汎アラブ家族保健プロジェクト（PAPFAM）、湾岸調査（Gulf Servey）のアンケート調査、戸籍および人口調査で記録された出生。

合わさると同時に、シーア派とスンニ派の宗教対立とも組合わさっているイラクでは、出生率は一九五七年には子供七・三だったのが、一九八九年には五・二に低下した。

したがってプロセスは単純なのである。つまり、出生率は、石油収入がそれを維持するに十分な高水準にある時は高く、石油収入依存の経済から抜け出した時は、減少するわけである。

しかしながらいくつかの国々においては、石油収入の下落はほぼ女性識字率が五〇％のハードルを越えた時点で起こっているということに留意しておこう。若い女性の半数が読み書きができるようになったのは、エジプトでは一九八八年頃、アルジェリアでは一九八一年頃である。サウディアラビアでは、このハードルは一九七六年頃に越えられている。つまり出生率の低下の一〇年ほど前である。したがってこの三国は、女性識字化と出生調節を関連づける最も一般的な人口学的移行理論と矛盾しない〔ただし**表5**で見る限り、エジプトでは出生率低下の開始が、女性識字化より早いか同時であるように見える〕。アラブ社会主義の時代の政治的実験の場であったアルジェリアとエジプトが、近代化の標準化されたイメージに合致するのは、さほど意外ではない。逆にサウディアラビアが理論的に完全に「正常」であるのは、宗教では原理主義、政治では絶対主義の国という、巷間流布する常套句と矛盾する。しかしながら、父系制と内婚制という基礎的な人類学的パラメーターでは、サウディアラビアはシリアとヨルダンに極めて近いのであるから、石油収入の下落がなかったなら、北隣の二国と同様に一定期間の人口学的遅れを見せることもなく、過半数の識字化にもかかわらず高い出生率を維持するということもなかっただろう、とまでは言い切れないのである。

奇妙なことだが、最も発展の遅れた国の一つであるモロッコは、このプロセスを先に済ませてさえいる。唯一無比のその例は、この国が中心を離れた遠隔の地にあるために、ア

図2　モロッコにおける移行の前進（エジプト・シリアとの比較）

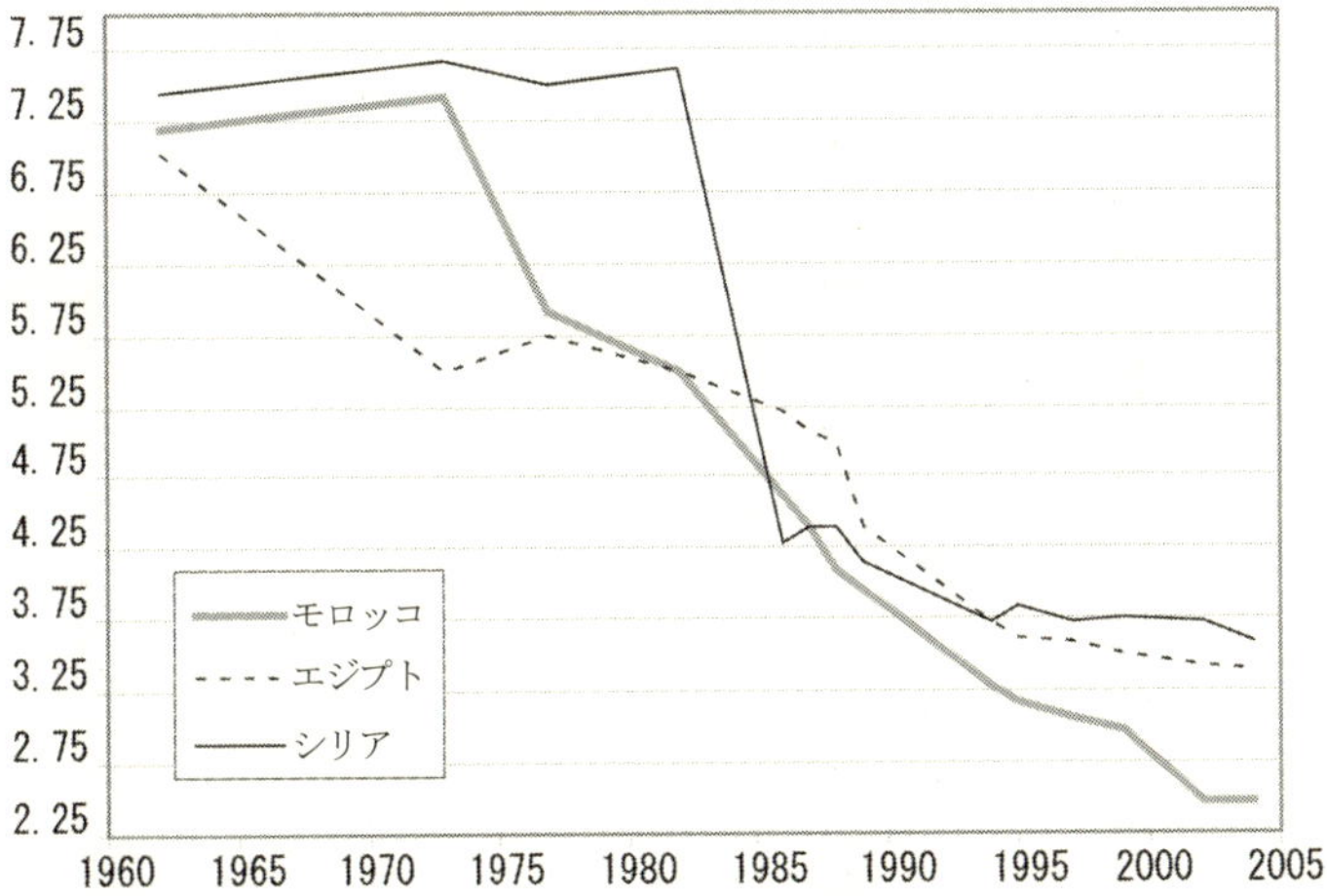

（注）縦座標は、女性1人当り子供数での出生率情勢指数。
（情報源）モロッコ：世界出生率調査（WFS）、人口・保健調査（DHS）、児童発達のためのアラブ・プロジェクト（PAPCHILD）、汎アラブ家族保健プロジェクト（PAPFAM）、湾岸調査（Gulf Servey）のアンケート調査、人口調査。エジプト：戸籍および人口調査で記録された出生から計算。シリア：1960年から1970年、1982年、1994年、2004年における戸籍および人口調査で記録された出生、ならびに世界出生率調査（WFS）、児童発達のためのアラブ・プロジェクト（PAPCHILD）、汎アラブ家族保健プロジェクト（PAPFAM）から計算。

ラブ圏にインパクトを与えることがなかった。しかしここでも移行期の開始は、やはり資源依存経済からの脱却の結果なのである。モロッコの資源というのは石油ではなく、燐鉱石である。それは一九七〇年代には資源依存的人口動態を養っていた。一九六六年にハッサン二世が家族計画の公式予定表を打ち出したけれども、出生率は、一九六〇年には子供七・二というすでにきわめて高い水準にあったにもかかわらず、一九七三年には子供七・四と、減少するどころかかえって増加したのである。燐鉱石の価格の三倍増のお蔭で、母親たちは実質的な労働にあまり依存せずともある程度余裕ある生活が送れていた。ところが一九七五年、折しも西サハラ問題が軍事費の増加をもたらしていた時、燐鉱石価格の下落が起こり、モロッコはその主要な収入源を失うに至る。モロッコの出生率は、財政逼迫度の増大にあわせて、一九七三年の七・四から一九七七年には五・九へと急激に低下して行った。

アラブ圏に一〇年先んじて、モロッコは、男性と女性の経済的役割の分離という伝統に背を向けた。女性の労働が資源収入に取って代わることになる。一九六〇年から一九九五年までに、青年女性の就業率は一〇%から三七%へと四倍に増加した。新たな労働慣行は、新たな時間配分の拘束と、従来子供の教育を担当していた家族的ネットワークの衰退とをもたらすことによって、婚姻と再生産に影響を与えることとなったのである**(図2参照)**。

マグレブでの移行期の加速化とフランス

チュニジアの最近の出生率(二・〇二)は、フランスのそれ(二・〇一)と同じである。モロッコの最近の出生率は二・四三であるが、これは減少し続けており、五年以内にはチュニジアと同じになるだろう。アルジェリアの出生率の変遷は単純であったためしがないが、二〇〇〇年に二・三八に落ちたのち、二〇〇五年には再び上昇している。チュニジアに較べて一〇％高いのは、治安状況が改善したためであるが、もしかしたら石油収入の効果が多少回復したためでもあるかもしれない。リビアという国は、複雑な所属感情——アラブなのか、オリエントなのか、マグレブなのか、アフリカなのか——を持つ国だが、その出生率は子供二・八五であり、そこからするとこの国は、マシュレクから離れ、マグレブに合流しつつあると思われる。それに対してモーリタニアは、北アフリカよりはサハラ以南アフリカとの繋がりが強い。二〇〇〇・二〇〇一年度の調査によれば、急速な移行と北隣の諸国との収斂が予想されたが、同じ年に行なわれたより網羅的な二〇〇〇年の国勢調査は、このような楽観的見通しを修正する結果となった。二〇〇五年のモーリタニアの出生率（五・二〇）は、まさにアフリカの出生率なのである。

マグレブとマシュレクの間には、溝が穿たれつつある。住民の起源、地理、植民地と植民地以後の歴史、こうしたものがマグレブの特殊性を形作っており、それが人口動態にも反映している。マグレブの家族関連行動は、長期にわたる相互依存の影響を被っている。

フランスとアルジェリアの共生は一三〇年間、チュニジアの場合は七五年間、モロッコの場合は四四年間。この期間に、さらに独立（一九五六年から一九六二年）以降半世紀に及ぶ相互行動を付け加えなければならない。社会的・文化的発展の指標は、マシュレクより遅れていることがしばしばだが、マグレブの出生率はより低いのであり、隔たりは拡大しつつあるのだ。

「マグレブ性」というものが、より強い西欧の刻印を反映していることは疑いを容れない。メディアと教育システムは、アラブ語化されたにもかかわらず、ヨーロッパ諸語、とりわけフランス語に特権的な地位を残している。外国語で書かれた教科書は、その内容がアラブ語で書かれた教科書と同じであるとしても、異なる考え方を少しずつ注入することができる。とはいえこの要因はきわめて部分的なものに過ぎない。他の地域、アフリカでは、フランス語での教育の就学率が上昇しても、出生率を大量に低下させることにはなっていない。したがって外国語での教育だけを問題にしても始まらないのである。

北アフリカへのヨーロッパの文化的影響の主たる直接的要因となったのは、フランス、ベルギー、オランダ、ドイツに居住するマグレブ人移民集団である。一九六〇年代に出稼ぎ労働者は、依然として出産奨励的な家族モデルを運んでいた。しかし一世代後には、価値観はもはや同じものではなくなる。出稼ぎ労働者は小家族の理想を故国に持ち帰るのである。距離の近さ、旅行運賃と通信料の低下が、交流を促進した。皮肉なことに、キリスト教起源の文化の中に溶け込むことのない、どうにも始末に負えないイスラーム教のヨーロッパへの浸透に人々が不安を募らせていた当のその時点で、マグレブの方こそ紛れもないカルチャー・ショックを被っていたことを、われわれとしては確認しなければならない。マグレブの文化はヨーロッパへの移住によって一変していたのである。心性の近代化が多数の死者を出すイスラーム主義の激発を招来することになったアルジェリアの場合で言うなら、フランスとの相互作用で引き起こされた歴史の加速化には、高額の対価を支払わなければならなかった、ということであろう。

出生率は教育的要因や内発的経済要因だけで決まるものではなく、出生率の動きを理解しようとするなら、国外への移民は最も重要な現象ということになる。移民がどこへ行くかということは、どうでも良い問題ではない。ここでもう一つの大きな移民流出の極であるエジプトに目を向けてみるなら、大量移民流出が何らかの効果をもたらすとしても、その効果は常に心性の近代化と人口学的移行の加速化の方向に進むわけではない、ということが分かる。エジプトから出発する移民は、ほとんどアラビア半島へと向かう者ばかりである。彼らはそこから、ジル・クペルが「精神のワッハーブ化〔ワッハーブ派は一八世紀に興った復古主義的イスラーム宗派。預言者時代の純粋なイスラームへの復帰を説く。イブン・サウド家と結びつき、ワッハーブ王国を建国して以来、サウディアラビアの国教となっている〕と呼んだものを持ち帰ることになった。サウディアラビア以下の産油国は、一九七五年から一九八五年までの間、エジプト社会の再伝統遵守化に貢献し、人口学的変化の原動力ともなり得たはずのエジプトという国に、大家族への選好がより長く生き残るのを可能にしたのである。出稼ぎ労働者が稼いだ金を故国に持ち帰るのは、マグレブでもエジプトでも共通の現象である。しかしその文化的・人口学的効果は、同じであるにはほど遠く、正反対である。マグレブの場合は、移民流出によって外の世界との間に打ち立てられた接触は、加速化を招来し、エジプトの場合は、抑止を招来したのである。

シリアの遅れと分断——スンニ派とアラウイ派

シリアの出生率は、一九八〇年代半ばまでは世界記録に達していたが、一九八六年からは減少した。シリア人は、農村部も含めて、子供の数を減らし始めたわけである。これこそは、アラブ圏で石油収入の低下によって生じた生活の厳しさに対する人口学的反応の、数ある例のうちの一つである。シリアは大量の石油を産出しないが、ペルシャ湾岸の石油収入の利益に間接的に与っている。識字率五〇％のハードルは、男性については早くも一九四六年に、女性についても一九七一年には越えられていたのだから、この国は教育面ではアラブ諸国の中で最先進国の一つである。このように文化的には有利な地盤の上に、経済的手段の縮小が起こり、そのため出生率は、極めて正常な動きであるが、急激に下落した。一九六〇年から一九八二年までの間は子供七・八だったのが、一九九〇年には四・二五にまでなった。ところが低下のテンポはたちまち緩やかになり、一九九〇年代にはほとんど横ばいとなる。二〇〇五年には子供三・五〇である。こうした対照的な変遷は、人口に関する通例から外れた言説が変わることなく続いているという環境の中で、産み出されたものである。

シリアは、ほとんどの南の国々とは逆に、人口増加論と出産奨励を標榜している。エジプト、チュニジア、ヨルダン、さらにはイエーメンの政府とは反対に、出生率の低下を奨励したことは一度もない。「中国モデル」は、その政治的権威主義と経済的自由主義によってシリア政府を魅了した。しかしダマスカスの指導者たちは、北京の指導者たちが奨励している出生調節には無関心のままだった。公式の発言においても、普通の市民の会話においても、人口問題は強い情動的負荷を帯びるのである。

この人口増加論的信条は、この国の込み入った歴史の産物であり、それを理解するには、イスラエル・アラブ戦争に遡る必要があるが、それだけでなくさらに遠く、第一次世界大戦直後にまで遡る必要がある。当時シリアの国土と「感知されていた」空間は、現実のシリアよりはるかに広大だった。シリア、レバノン、ヨルダン、パレスチナ、イスラエル、アレクサンドレッタ県(サンジャク)〔現在のイスケンデルン〕、これらからなる大シリアは、西に大レバノンが創出され、東のモスール州(ウィラーヤ)がイラクに編入され、南ではパレスチナとトランスヨルダン〔現在のヨルダン〕が分離し、北のアレクサンドレッタがトルコに譲渡されたために、国土の大半を失った。人口増加論は、地理的・歴史的収縮のシンドロームに対する回答なのである。イスラエル・アラブ戦争は、この人口増加論的衝動をさらに強める結果となった。今や人間の数は、極めて長期にわたって長々と延びる紛争の戦略上の与件に昇格したのだ。民族主義と人口動態は、しばしば肩を並べて進むものだ。

シリアでは当初、女性一人当りの子供の数は多く、世論調査には、子供を持ちたいという強い欲求が現われていた。高い出生率を確保するのに国家が介入する必要はなかったのである。シリア人は一人の例外もなしに、子供の多い家族を選んでいた。理想的な子供の数は、一九八〇年には六・一、今日では四・六である。シリアは、理想的な子供の数が現実の数を上回る珍しい国の一つなのだ。

出生調節政策が、まだその準備の出来ていない住民の行動を変えることに失敗したケースには、すでにわれわれは出会っている。ハッサン二世治下の一九七五年以前のモロッコとか、ナセル以後のエジプトである。シリアでは、政府がその出産奨励的姿勢を公式に転換していないのに、出生率が急激に低下するという事例に出会う。その上、奇妙なことに、人口学的革命を最後まで完遂し、女性一人当り子供二以下から二・五の間に入る出生率を実現したのは、政体に対して最も好意的な地方と共同体であるらしいのだ。シリアの政治的特性の一つは、極めて権威主義的なその政体が、基本的に宗教上の少数派、主にアラウイ派（人口の一一％）に依拠しているという点である。彼らアラウイ派は、シーア派の流れに属し、沿海部と山岳部のラタキア州とタルトゥス州で支配的である。

二〇〇四年に、アラウイ派地方の出生率は女性一人当り子供二・一〇、ドルーズ派の住むジェベルのそれは一・八〇、ゴラン高原のそれは二・六六、ダマスカスのそれは二・四五である。国土全域に散在するキリスト教徒（人口の五％）のそれは、子供二かそれ以下である。これらの少数派的な地方と共同体は、彼らより二倍から三倍の出生率を持つ多数派の「爆発的」人口動態（アレッポでは子供三・八三、ラッカでは子供五・四六、デル・エル・ゾールでは六・二二）に脅かされているようにも見える。主要な少数派の中では唯一、トルコとの国境地帯のハッサケのクルド人（人口の八％）のみが極めて多産である。

しかし政権は、その出身共同体であるアラウイ派と、味方の諸共同体にとって、人間の数の戦い、「揺りかご戦争」を試みることは幻想に過ぎないということを承知している。多数派集団であるスンニ派のアラブ人（人口の七二％）はなるほど数的には巨大だ。しかしそれもやはり人工的なカテゴリーであり、現実の社会学的内実を持たない、統計学者にとって好都合なだけの集合体にすぎない。他の共同体は数は少ないけれども、現実性を持っているのである。

有名な例が、二つの首都の例である。ダマスカスのスンニ派とアレッポのスンニ派の対立というのは、全国的な民間伝承に属する主題であって、民衆の意識に染み込んでいる。ダマスカスのスンニ派は、アレッポの同宗徒とはもはや何の関係もない。文化（子供の就学、在学年数）からしても、人類学的要素と人口学的要素（家族構造、外婚制、混合婚、出生率、住居内同居）からしても、料理そのものからしても、全く異なる方向に転換してしまい、こうしてスンニ派の解体が完成するわけである。

　現在の政体は実際的で、共同体同士、地方同士の人口学的不均衡を修正しようとすることも、スンニ派地方に特に出生調節の発展を奨励しようと試みることもせず、放任政策を実行した。そんなことを公言して、宗教的感受性に抵触するのは、稚拙の極みであろう。何もわざわざムスリム同胞団のような反対派に、攻撃のための容易な論拠を提供することはない。そんなことをしたら、彼らは、不信の徒でないまでも異端の徒であるアラウイ派の指導者たちは、シリアから活力の源を奪うことによって、シリアを弱体化させ、イスラームに打撃を加えようとしていると、叫んだかもしれないのだ。

　人口動態に関するシリアの地域的多様性をどのように説明したら良いのだろうか？宗教的変数は、出生率の差異を記述することができるのはこの変数を通してなのだから、もちろん関与性がある。そこで分析がこの段階まで進んだらそれで良しとして、世界の中のこの地域においては、アラウイ派や、ドルーズ派、イスマイル派、それにキリスト教徒の伝統は、人口増加論的ではなく、人類の数が増えることをあまり望まない、と断言するだけで満足したいという気にもなる。しかし詳細な神学的研究を行うなら、たしかにこの仮説は、ドルーズ派については確証できるとしても、アラウイ派とキリスト教徒については確証できないということになるだろう。それにまたスンニ派のイスラーム教は、本質そのものからして生殖に対してより好意的であることも、立証する必要があるだろう。しかし敢然として社会構造と心性構造の分析にさらに踏み込むなら、直ちに単純にして論理的な説明が見出されるだろう。それも、アラウイ派地域とドルーズ派地域で人口学的移行が完了したことへの説明だけに留まらず、スンニ派地域で移行が抑止され、一時的に停止さえしていることの説明もまた、見出せるだろう。アラブ型ないしイラン型の家族構造の分析を行なった際すでに見たところであるが、シリア周縁部の沿海部および山岳部の特徴は、女性のステータスがより高く、女子による遺産相続への許容度がより大きいという、妻方居住の実質的痕跡である。この特徴はたしかにシーア派の宗教的伝統と結合するものである。これに対して、シリア内陸部、それも特に極めて高い出生率を特徴とする諸州は、父系制的であり、その度合は全地球規模で言って最大と考えられる。夫方居住は、農村地帯では九九％を上回る。この夫方居住制はすでにアッシリアの時代に確認されているのであるから、スンニ派イスラーム教の所為であるとすることはできないだろう。逆に絶対的父系制と出生率が一時的に女性一人当り子供三以上で止まっていることの間には、直接的関連を打ち立てることができる。このラインより下に行くと、男の子を持たない確率が有意的な上昇を見せ始めるのである。子供が四人いる時、父系原則の適用条件である男子を持つ確率は九四％である。子供三人の場合、その確率は八八％、子供が二人だけの場合は、七五％となる。出生率が女性一人当り子供三を下回ることになると、夫婦のうちの四分の一が男性子孫を持たないというリスクを受入れなければならなくなる。これではその社会が父系原則を諦めるというに等しい。父系制に執着しないアラウイ派の地域が、なぜ女性一人当り子供三より上でブロックされないのか、はこうして理解できるのである。

この問題は、父系制社会にとっては乗り越えられない問題ではなく、中国や北インドでは、女性嬰児殺しで乗り切ろうとする。アラブ圏の場合は、ほぼ全体的に女性嬰児殺しを行なわないため、この問題はより厄介となる。そこでしばらくの猶予を貰い、このラインの上で最後のためらいを見せているのも理解できるのだ。それはシリアの多数派住民だけでなく、おそらくはヨルダン、サウディアラビア、エジプトといった国々にも言えることである。

アラビア半島の異種混合性

イエーメン（人口二二〇〇万）とサウディアラビア（サウディアラビア人二〇〇〇万、外国人五八〇万）という二つの大国が支配するアラビア半島は、とりわけ異種混合性が著しい。出生率は、女性一人当り子供三のところも六のところもある。とはいえ女性一人当り子供三のラインより下に行った国はない。もしそうなったら、父系制規範の根底的な見直しが行なわれることになってしまうだろう。半島諸国には、アラブ人と否とを問わず、外国人が大量に滞在している。アラブ首長国連邦とカタールの住民のおよそ四分の三、クウェートの住民の三分の二、サウディアラビアとオマーンとバーレーンの住民の四分の一は、外国人である。(7) イエーメンだけは唯一、移民受入れより移民流出の国である。

このような外国人の居住は、人口学的移行の開始に対する抑止要因となり得ただろう。特にサウディアラビアは、高い出生率を維持する理由に事欠かない。この国は単なるイスラーム教のヴァチカン以上のものになろうとしており、自国の国民が外国人に取って代わることを望んでいるのだ。無尽蔵の石油資源とある種の宗教的異種混合性のゆえに、エジプトやイエーメンのような、より貧しく人口の多い隣国の羨望の念を刺激する可能性もある。イエーメンとの係争は一九三四年に遡る。イエーメンは、戦争に負けて、アシール州をサウディアラビアに譲渡せざるを得なくなった。この地方は今でも相変わらず、サウディアラビアのその他の地域とは異質である。イエーメン人が居住し、宗教はザイド派（シーア派の穏健派的変種）[8]で、出生率は高い。イラクとイランはどうかと言えば、アラビア東部のハサー地方の油井を奪おうと企ててもおかしくはなかった。この沿海地方は一時シーア派が多数派を占めていたが、その自主独立主義と高い出生率のために、サウディアラビア政権から「浸透」作戦を仕掛けられる羽目に陥った。スンニ派の住民をこの地に移転させて、シーア派の分離主義的傾向を押さえようというものである。サウディアラビアはいわゆるところの包囲された城塞〔高い出生率によって人口を保持する必要がある〕ではないが、この国にとっては地政学的な意味で人口が増大した方が得策だろう。しかし今日、石油価格の力強い回復にもかかわらず、出生率の低下は続いている。一九八六年に子供六・四六だったのが、二〇〇〇年には四・三七、二〇〇五年には三・六一になっているのである。男性と女性のそれぞれの識字化ハードルが越えられている以上、石油価格と石油収入とは無関係に移行が継続するのは、標準理論に適ったことではある。しかしここには逆説があることを認めなければならない。すなわち、この保守的で、ワッハーブ的で、人口増加論的なアラビアは、風俗習慣の近代化を受入れるわけだが、それは女性の自立という恐るべき帰結を伴うのである。

この近代性の逆説は、湾岸の五つの諸首長国にも偏執的な形で見出される。オマーン、クウェート、アラブ首長国連邦、バーレーン、カタールの五カ国は、アラブ圏ばかりでなく世界の富の中に占める巨大な比重に加えて、今やその衛星テレビ放送局のお蔭で、新たなる世論形成者として重きをなしている。とりわけカタール発のアルジャジーラと、アラブ首長国連邦発のアルアラビヤを始めとしたテレビ放送は、アラブ圏全域に行き渡っている。それらが制作するメッセージは、保守的イスラーム主義と西欧化的近代主義の混ざりあった両義的なものであるが、この組み合せを象徴するのが、画面に登場する女性アナウンサーで、ある時はヴェールを被り、ある時は極端に厚化粧でセクシーなのだ。

石油価格の高騰のお蔭で、これらの極小国は一同打ち揃って、マシュレクとマグレブのエリート層と貧困化した小ブルジョワジーにとって新たな牽引の極となった。今やそこでは外国人の方が土着の人間よりも数が多くなっている。アラブ首長国連邦とカタールの人口の七八%から八〇%は外国人なのである。この五カ国の本来の人口を合わせても、カイロの一つか二つの街区の人口にしかならない。サウディアラビアと同様に、高い出生率を助長する要因――民族優先の人口増加主義、土着ないし移民のスンニ派とシーア派の内訌――は、近代化の諸効果に席を譲ったのである。非常に意味深いのが、スルタン国オマーンのケースである。この首長国は、その土着人口に実質があり（オマーン人は一八〇万人で、総人口の七五％）、宗教的にアラビア半島内で独自路線を行く（スンニ派でもシーア派でもなく、ハワーリジュ派〔イスラーム教の初期に多数派〈のちのスンナ派とシーア派〉から政治的理由で分離した宗派〕）ところから、民族国家という呼称に値するかもしれない唯一の国であるが、この国の出生率は、最初の石油ショックの揺り戻しの後に下落し、以後その趨勢を続けており、二〇〇五年には三・五六である。

世界の発展の重要な極から遠く隔たって、イエーメンはまさにアラブ圏の生ける化石である。その出生率は女性一人当り子供六・二〇に達する。[9] その低い生活水準、高い幼児死亡率（七五‰）、高い農村率（七四％）は、人口学的移行がようやく一九九五年頃に始まったに過ぎないという遅れと、こう言って良ければ、同位相にある。したがってこの人口学的移行の遅れの原因は、アラブ圏の他の国のように、石油価格の下落に帰することはできない。しかし、識字化水準を考慮するなら、この国は出生調節には特段の抵抗を示さない。ここでは男性は識字率五〇%のハードルを一九八〇年頃に越え、女性は二〇〇六年頃に越えた。出生率の低下は、女性の過半数の識字化を待たずに一九九五年に始まったのだから、出生率の低下自体はある程度先行していると考えることもできる。イエーメンは人口学的移行の開始から女性識字化まで九年かかったわけだが、モロッコが二一年もかけたのに較べれば、ずいぶん早いとも言える。モロッコでは、出生率の下落は一九七五年に始まり、女性の過半数の識字化が実現したのは一九九六年に過ぎないのだから。イエーメンとは反対に、モロッコは移行の標準理論から完全に外れている。このアラブ圏の極西の国については、第一義的に男性識字化に依存する出生調節の始動というものを、本気で想定することができるのである。そしてモロッコの男性の過半数の識字化は、一九七二年に実現している。イエーメンとモロッコは、アラブ圏の南の端と西の端をなしている。等しく中心から遠いこの二国は、教育の発展という点でも等しく遅れている、とほとんど言うことができる。実際、イエーメンはモロッコに遅れること、わずか一〇年に過ぎないのだから。したがって六・二と二・四という出生率の指標は、それぞれ特殊な態度を意味しているわけではなく、近代化の極からの地理的な距離を示しているのである。一方はサウディアラビアとの相互作用、他方はフランスとの相互作用、これがこのように著しく異なる結果を産み出したのである。

レバノンはヨーロッパの国か

レバノンは、アラブ諸国の中で信仰されている宗派の数が最も多い国である。イスラーム教の宗派が四つと、キリスト教の宗派が一二ほどに上る。キリスト教徒は、一九五〇年代までは多数派の集団だった。しかしその後、この国はイスラーム教徒が多数を占める国となった。この問題についてはタブーが一般化しており、一九三二年以来いかなる調査も行われていないのは、それで説明されるが、この基本的な変動に気付かない者はだれもいない。学者でも、行政官でもそこらの普通の人間でも、どの宗派に属する者でも、だれもがそれを承知している。しかしこの大変動の規模の大きさは、大抵の場合は気付かれないままである。オスマン帝国の崩壊に際して大レバノンが創出された時、最も多数だったのは東方祭式のカトリック教徒たるマロン派教徒だったが、その後の出生率と移民流出の結果、一九二二年に人口の三二・七％を占めていた彼らは、二〇〇五年には人口の一九・九％に過ぎなくなった。そのため、その同じ期間に、人口の一七・二％から三二％へと増加したシーア派が、優位を占めることとなったのである。[10] 人口構成の変貌も、政治的均衡に影響をもたらさずにはいなかった。キリスト教の中で最も大きな集団であるマロン派が国家の要職をほとんど独占していた「政治的マロン派主義」が、揺らいだのである。一九七五年から一九九〇年に至る内戦の背景には、この変貌がある。レバノンは、平和的にせよ暴力的にせよ、人口動態に合わせて調整することには慣れている。一八世紀から一九世紀の山岳レバノンの権力はドルーズ派の総督の権威に従うものと、オスマン・トルコ宮廷が定めていたが、いつの間にかマロン派の手に渡ってしまった。当時マロン派は、人口が停滞していたドルーズ派より、人口学的にはるかに活力があったのである。このドルーズ派の人口停滞の原因はしばしば、ドルーズ派が輪廻転生を信じていることに帰せられる。異論の余地なきドルーズの魂のみが新生児の肉体に宿るのでなければならない、という信仰である。

レバノンにおける宗派間の力関係の変遷の次の段階は、シーア派の数的伸張であるが、これは歴史の皮肉と見えるかもしれない。一八世紀末のレバノンの事情に詳しいヴォルネーは、シーア派の消滅を予言していたのだ。[11] 過去二世紀来、シーア派は数的に増大したが、それは極めて高い出生率のお蔭であった。しかしヴォルネーはそれを予想しなかったのである。一九七五年から一九九〇年までの間、シーア派の女性はその再生産生涯の終わりまでに、平均して八・五人の子供をこの世に生み出した。それはこの地方の最高記録であったが、この記録はおそらくその後、イスラエルのウルトラ正統派ユダヤ教徒の女性によって破られたようだ。人口学的移行という点では、スンニ派（子供六・九）、ドルーズ派（子供五・三）、キリスト教徒（子供五・一）に対して、シーア派の遅れは明白である。この過剰出生率には直接的な宗教的解釈を与えることはできない。シーア派は、レバノンで最も貧しく、最も就学率の低い集団であったし、今でもその事態は変わらない。彼らの識字化の遅れは、つい最近まで彼らの特徴をなしていた、高い出生率と高い死亡率とを同時に説明することができる。しかし彼らもまた、教育の発展と人口学的移行を免れることはなかった。一九七五年頃、彼らの出生率は低下し始める。この現象は、部分的に内戦の激しさを説明するのに役立つが、同時にまた、共同体間の緊張という点では平穏化したレバノンというものの可能性も垣間見させてくれるのである。

レバノン戦争は明らかに、この国の人口学的移行の決定的瞬間に起こった。ところがその時、レバノンは共同体間の相対的数量が変化したことによって均衡が崩れていただけでなく、イスラーム教徒集団が大規模な文化的・人口学的変動に見舞われていたのである。

図3　レバノンの各共同体における出生率の低下（1971-2005年）

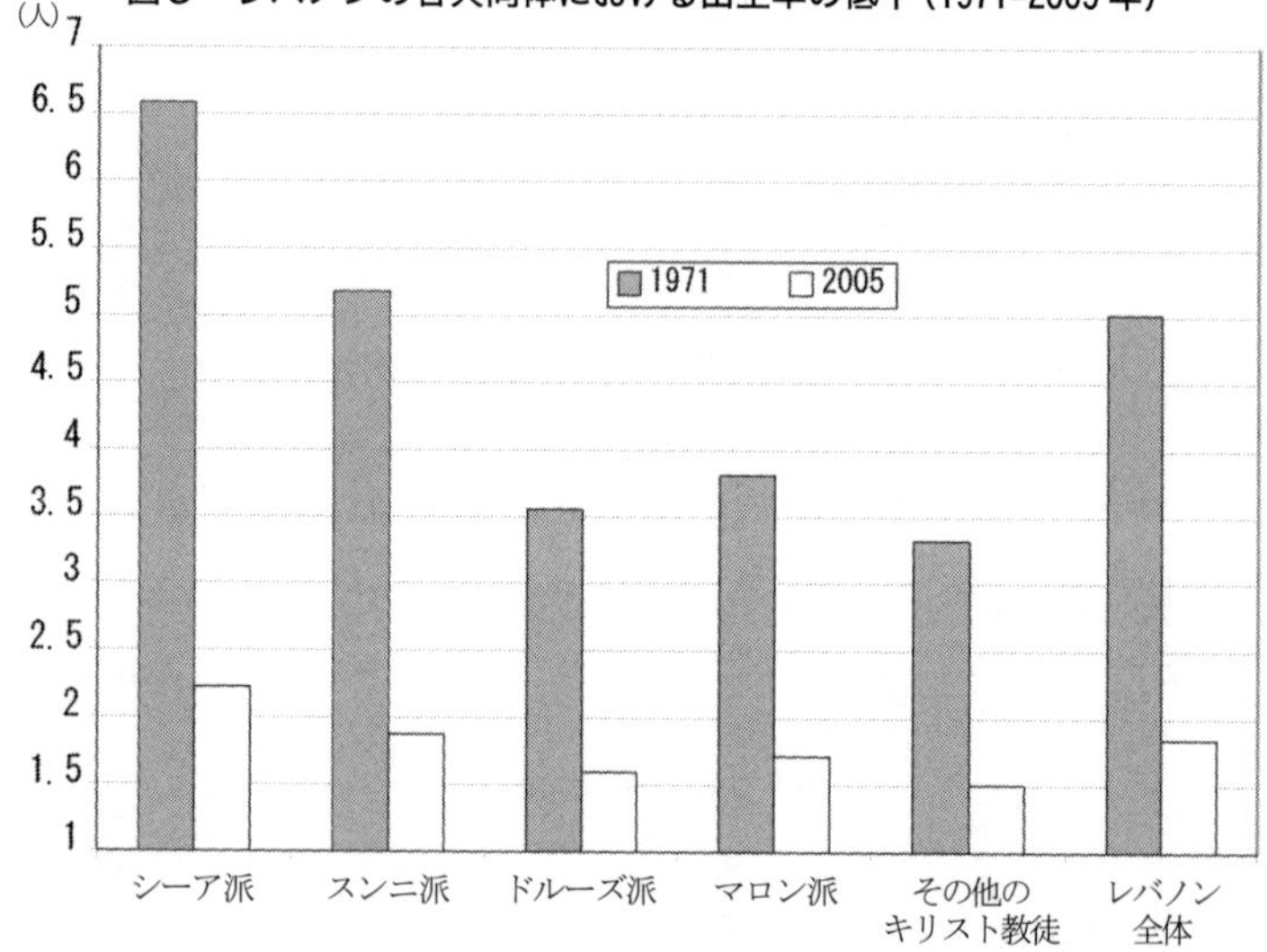

（情報源）レバノン家族計画協会の *Al Usra fi Lubnan*（「レバノンにおける家族」）2 volumes, Beyrouth ; 1974-2005 による計算。統計中央局、*A mash al loubnani lsihhat al Ousra*（「レバノン家族健康調査」）Beyrouth, 2006、統計中央局、*Living Conditions of Households : The National Survey of Household Living Conditions,* 2004, Beyrouth, 2006.

教育、都市での居住、メディアへのアクセス、精神のグローバル化、こうしたものはもはやキリスト教徒だけの専有物ではなくなった。そしてこの近代化は、再生産行動に直接影響を与えることになる（**図3参照**）。一九七一年から二〇〇五年までの出生率の移行の速さは、シーア派における（年間減少率マイナス三・二％）方が、他のすべての集団における（マロン派とそれ以外のキリスト教徒でマイナス二・三％、スンニ派でマイナス三％）よりも大きかった。一九七五年から一九九〇年までの期間の武装対立は、見たところ説明も不可能な不条理なものと映るが、進歩による心性の不安定化というものを考慮に入れれば、それにも説明がつくのである。この点はレバノンにおいても、他のどの国においても同様である。一九七五年から一九九〇年までの内戦は（二〇〇六年七、八月のイスラエルによる爆撃も同様だが）、すべての宗派の無差別な貧困化を引き起こした。小家族制の採用が進んだ原因がこの貧困化であるのは、確実であろう。

収斂は明白である。そして内戦が終結した時、諸共同体は人口学的に互いに似通ったものとなっていた。おそらくはやがて政治的にも似通ったものとなることだろう。二〇〇五年に、シーア派の出生率は、子供二・二へと落ちていた。マロン派の場合は、一・七である。こうした家族計画の選択がヒズボラ（神の党）やアマル（希望）〔いずれもシーア派の政治組織〕のリーダーたちの気に入るかどうかは、定かではない。彼らはおそらく、一種シーア派揺りかご戦争とも言うべきものによって、己の選挙基盤と民兵の供給源を強化したいと考えただろう。[12] しかし政治党派も民兵組織の自動小銃も、人々が持ちたいと思う以上の子供を持つよう強制することはできないのである。

二つの共同体の間の差異は、今やフランスとイングランドの間の差異を思わせる。他のパラメーターの大部分に関しても、この二つの共同体の間にはほとんど差がない。レバノンの世帯は、シーア派イスラーム教徒地方でもキリスト教徒地帯でも、どこへ行っても核家族的である。女性は、シーア派の南レバノンでも、キリスト教が優勢な山岳レバノンでも、しばしば世帯主となっている。妻方居住は、山岳レバノン（四・三％）や、スンニ派が多数を占める北レバノン（一一・三％）より、南レバノン（一九九七年において一四％）でより広まってさえいる。結婚は、国内のどの地方を見ても、アラブ諸国よりはるかに遅く、夫婦間の年齢差はより近い。この点でもまた、シーア派地域は「近代化」への強い性向を現わしている。レバノンは、外婚制と内婚制のいずれを選択するかという問題によっても、はっきりと分断されてさえいない。なにしろここのキリスト教徒は、他国のキリスト教徒のように本いとこ同士の結婚を全く受け付けないというわけではないのである。その率は二〇〇一年に、南レバノンで二〇％なのに対して山岳レバノンでは一〇・七％である。たしかにこの差は、有意性がないとは言えない。しかし、シーア派地域の南レバノンの率そのものは、三五％に達するシリアの率よりははるかに低いのだ。しかし家族制度と心性の変遷を最も良く綜合する指標は、やはり出生率である。このパラメーターによれば、レバノンは、どの共同体を取り上げても、ヨーロッパと同じほど西欧的であるように見える。

こうした人口学的収斂は、共同体間の対決が再開するかもしれない現在の政治情勢に矛盾するように見える。しかしそれはおそらく、将来における政治的・イデオロギー的収斂の前兆なのだ。もしシーア派の人口学的行動が他のレバノン人と同じになるとしたら、それは彼らが、普通信じられている以上に、そして彼ら自身が考えている以上に、他のレバノン人と同じ価値観を持っているからに他ならない。いずれにせよ彼らは、未だに四人近くの子供をこの世に生み出し続けているシリア人よりも、あるいは女性一人当り子供三人のユダヤ系イスラエル人よりも、キリスト教徒、スンニ派、ないしドルーズ派のレバノン人の方に近いのである。レバノンの現在の人口動態は、おそらくは「スイス」型の政治的将来を予告していると思われる。すなわち、国内が複数の共同体に分かれてはいるが、平和的で互いの交渉に長けた、独自の形態の民主主義である。

パレスチナ人――占領と戦争と出生率

パレスチナ人については、イスラエル国家とは無関係に検討を行なう限り妥当な検討はできない。彼らがイスラエル国の市民となっているにせよ、ヨルダン川西岸ないしガザという、イスラエルの支配空間に併合された地域の住民であるにせよ。これはもはや通常の地域ではない。通常の地域とは、人口問題が住民と資源との均衡という形で、あるいはより動態的に、経済発展と一人当たりの収入の上昇という形で出される、そうした地域である。イスラエルの空間の中では、人口動態は、ヘブライ国家のユダヤ人人口の持続的成長を主たる戦略目標とする政治計画と切り離すことはできない。シオニズムの計画は、シリアの政体と同様、人口増加論的である。しかしシリアの場合と同様に、宗教集団間の出生率の差異を無視することはできない。国家の均衡はもちろんのこと、この国家がヨルダン川西岸とエルサレムの大部分を吸収することができるかどうかということも、場合によっては、ユダヤ人とパレスチナ人の人口の相対的力学によって決まるのである。元々はアラブ人の中で最も教育水準の高かったパレスチナ人は、人口学的競争に巻き込まれてしまい、正常な軌道から大幅に逸れることになってしまった。

ユダヤ系イスラエル人女性の出生率も、先進諸国の間ではもう一つの異常事例で、一人当たり国内総生産三万ドルの国には決して観察されることのない高率である。二〇〇五年において女性一人当り子供二・六〇という率は、シーア派も含めたレバノンの諸共同体の率より、はるかに非西欧的である。もちろんそれはディアスポラの〔イスラエル以外に居住する〕ユダヤ人の出生率とも異なる。女性一人当り子供一・五と推算されるそれは、ヨーロッパ的規準に合致する。例えばベルギーの出生率と同水準である。ところがユダヤ系イスラエル人女性の一人当たり出生率は、一九八〇年以降低下しなくなっている。エルサレムでは、ユダヤ系住民の出生率は、子供三・九五である。ヨルダン川西岸のユダヤ人入植地では、それは子供四・七〇に達する。人口動態が貧血気味のヨーロッパからはほど遠いのである。入植者の過剰出生率は、イデオロギーだけの効果によるものでも、宗教だけの効果でもない。それはイスラエル国家の直接援助が支給する多額の補助金で支えられているのである。パレスチナ人が対決している相手は、こうした拡大の人口動態、戦闘の人口動態なのだ。

パレスチナ人は当初は、本来的な人口学的遅れによって効果的に保護されているように見えた。高い出生率によって、教育水準の高い住民であればとても太刀打ちできないような水準に、押し上げられていた。二〇〇五年になってもまだ、イスラエル国の人口の一七％に当たる一二〇万人のアラブ系イスラエル人〔パレスチナ人〕は、出生率三・七二、すなわちユダヤ系のそれを子供一人分上回る出生率を保持している。

ヨルダン川西岸とガザでは、イスラエルの脅威によって人口学的移行がしばらくの間、停止してしまっただけでなく、出生率の再上昇が引き起こされた。それも最も教育水準の高い女性も含めてである。すでに一九八五年に、高い教育水準と都市化水準にもかかわらず、女性一人当り子供六・四と、非常に高かったパレスチナ人の出生率は、第一次インティファーダの間（一九八七年から一九九三年）に増大した。出生率は一九八八年以降、子供七を越え、一九九〇年に七・五七の絶頂を記録する（ガザでは八・七六）。女性は、民族の境界を標示する道具となり、民族が要求するだけの子供を生産する義務を負わされたのだ。ヤセル・アラファトは、彼女たちの腹の中に生物兵器が眠っていたのを発見し、一人が子供を一二人持つことを女性に説き勧めた。二人は自分自身のために、一〇人は闘争のために、というわけである。

パレスチナの出生率は、人口学的移行のパラダイムと子供の数に対する女性の教育水準の効果とに抵抗し続けた。大学という難関を越えた後でさえも、パレスチナ女性は多くの子供を持つことに固執した。おそらくアラファトが要求する一二人とまでは行かないが、それでも平均して四人以上なのである。[13] 第一次インティファーダの間、例外的な現象が生じた。すなわち出生率は、最も教育のある者、したがって最も政治意識の高い者においても、政治意識が低い文盲においても、同程度に増大し始めたのである。

二〇〇五年のイスラエル人入植者のガザからの撤退は、もう一つの係争の的を後に残すことになった。ヨルダン川西岸（ならびに東エルサレム）という、二〇〇万のパレスチナ人と五〇万のイスラエル人入植者が住まうこの地では、人口学的対決が最枢要の問題となる。ところが最近の変遷は、二つ目の意外な驚きをもたらしたのである。第二次インティファーダは、第一次インティファーダのように、出生率の再上昇を引き起こすことはなく、それどころか下落の合図となったのだ。二〇〇〇年まで女性一人当り子供六であった出生率は、二〇〇二年と二〇〇三年には、三・四に落ちた。蜂起で始まった運動は継続している。宗教的・政治的世論形成者たちが、生殖をユダヤ人の入植と強制移動の脅威とに対する城壁として提示するという、これほど出産奨励的な閉鎖的で熱に浮かされた文脈の中で、人口学的革命が起こると想像するには、いくつかの困難が伴う。ところが二〇〇〇年以降は、出産奨励的合言葉はもはや効果を持たないようなのだ。

経済的理由は明白である。パレスチナ区域の包囲状態、通行の困難は、生活水準の下落に拍車をかけることになった。しかし出生率の低下が始まったのは、経済条件の漸進的悪化の前、二〇〇〇年である。決定的な原因は他にあるのだ。集団的なものの偏執的な臨在にもかかわらず、家族はついに己自身のために変化するに至ったのだ。下落は、個人的価値観と社会的価値観の分岐が起こったことを暴露して見せているわけである。パレスチナ人夫婦は、大幅に小家族の方を選んだ。それは民族の大義のためであるよりは、むしろ自分たちの子供の将来を考えてのことである。ヨルダン川西岸で子供三・四という率では、人口学的移行が完了したと言うことはできない。地域の平均に対して正常化したと言うべきであろう。この率は、シリア、ヨルダン、あるいはエジプトの率とほぼ同じだからである。

しかしながらパレスチナにおいて、この変遷はすでに政治的リスクをもたらしている。すでに見た通り、パレスチナ人とは反対に、そして通念に反して、ヨルダン川西岸と東エルサレムを占領しているイスラエル人は、人口動態の活力において優るという有利な点を持っているからである。彼らの出生率は絶えず増え続け、治安の悪さにもかかわらず、入植は依然として維持されており、インティファーダにもかかわらず、彼らの死亡率は極めて低い。二〇〇〇年には、四・一八に落ちたパレスチナ人の出生率は（ヨルダン川西岸では三・四〇）、イスラエル人入植者の出生率、四・五一より下なのである。もう一つの不安の種は、エルサレムという特別の思い入れを帯びた主題である。この「再統一」四〇周年が喧しく祝われたが、その際、ハマス政権下のパレスチナ人によってこの都が奪われるという脅威が盛んに言い立てられた。それも武器による奪取ではなく、パレスチナ人の爆発的な人口動態によって奪取されると言うのだ。

一九六七年の戦争の直後にエルサレムが占領された際、ここのパレスチナ人の出生率が占領に抵抗するために、ヨルダン川西岸のうちの他の部分におけるよりもはるかに高くなったのは事実である。しかし二〇〇五年には、初めてエルサレムの二四五、〇〇〇人のパレスチナ人の出生率三・九四は、たしかに小数点以下ではあるけれども、四七五、〇〇〇人のユダヤ人の出生率三・九五を下回ったのである。明らかにエルサレム市長も、彼を見倣ったイスラエル政府も、最新の統計年鑑の数字を読んでいないか、読もうとしていない。

イスラエルと占領下のパレスチナ区域とを一つのイメージでくくろうとするなら、人口学的対決というカフカ的な尺度を用いることができよう。すなわちアラブ系イスラエル人の高い出生率は、ヘブライ国家を内側から脅かし、一方、ユダヤ人入植者の高い出生率は、ヨルダン川西岸におけるパレスチナ人の優位を脅かしているのである。

第六章

アラブ圏以外の大中東圏

人口学的手法を中東全体に適用して見るなら、西洋の、それも特にアメリカ合衆国の地政学的選択の馬鹿さ加減、あるいは自己欺瞞性が直ちに浮き彫りになる。西洋民主主義諸国は、民主的な近代性を支持するものと考えられているのに、中東における発展の主要な極は今後はイランとなる、ということを見ようとはしないのだ。イラン・イスラーム共和国の出生率は、女性一人当り子供二に近い。これはアフガニスタン、パキスタン、イラクの出生率に対して対照的であるが、それだけでなく、はるかに意外なことではあるが、トルコの出生率に対しても対照的である。ところがトルコは現在、パリやベルリンやブリュッセルで、どの程度ヨーロッパ的な国かが議論されているところなのだ。

アメリカの行政が「大」中東圏に属するとした国々の中で、トルコ、イラン、アフガニスタン、パキスタン、バングラデシュ――締めて人口五億人――は、アラブ人の国ではない。旧パキスタンが分裂して出来た現在のパキスタン（人口一億六五〇〇万）とバングラデシュ（一億四七〇〇万）を合わせただけで、イスラームの核心部たるアラブ圏と同じだけのイスラーム教徒を抱えている。家族構造という面で言えば、これら諸国はいずれも父系・内婚制である。もちろんシステムの強度は国によって大きく変動する。いとこ同士の婚姻の比率は、バングラデシュで八%、トルコで一五%、イランでは二五%、パキスタンでは五〇％に達する。トルコの最も西の部分では、家族制度は完全に父系的とは言えない。

これらの国は、人口学的・文化的移行期が始まる前までは、アラブ圏から遠ざかろうとしていたように見えるが、この移行期の間、イスラーム教が一時的に再活性化したことによって、アラブ圏に接近することになった。オスマン帝国の崩壊ののち、トルコはアラブ世界に背を向け、ヨーロッパに付着しようとした。しかし今や新たに中東に関心を抱くようになっている。とりわけ、イスラーム主義者がアンカラの政権に就いて以来、その感が強い。

イランの国王（シャー）は、アラブ人には毛ほども関心がない振りをしていた。しかし彼を追って政権を奪取したイスラーム共和国は、さまざまな形でレバノン、シリア、イラクにプレゼンスを確保している。民族的自尊心の葛藤を越えて、イランはシーア派との宗教的連帯性を演出しており、不均等ながらいくつか成果を挙げている。イラクとの戦争（一九八〇年から一九八八年）の間、テヘランはシーア派のアラブ人を寝返らせて味方につけることに成功しなかった。彼らは当時はサダム・フセインの政体に忠実であり続けたのである。イスラーム共和国はその代わり、シリアの政権との間で持続的な同盟関係を打ち立てるのに成功した。シリアの政権の中枢はアラウイ派であったが、これは当時、好都合にも完全なシーア派信仰と見なされていたのである。レバノンでは、イランはヒズボラを育成するのに成功した。これは今やレバノンの主要な政治・軍事勢力となっている。

アフガニスタンは、ソヴィエトによる占領の間、アラブ人イスラーム主義者にとって実験場となった。彼らはそれ以来、「アフガニスタンのアラブ人」となっている。パキスタンは、それらのイスラーム主義者の裏庭だった。より遠方のバングラデシュは、アラブ圏とは経済的関係と移民の送り込みという関係しか持っていない。

トルコとイラン

トルコとイランは今日、人口学的移行については、ほとんど同じ段階に位置する。出生率はトルコが二・三五、イランが二・〇〇で、それほど差があるとは見えない。しかしイランは、女性一人当り子供二・一の象徴的ラインをすでに下回った。

しかしここで小数点以下の数字はけっこう重要なのだ。トルコは、統一ヨーロッパの扉をノックする良い生徒という押し出しである。イランは言ってみれば不良少年で、「国際社会」と決裂しており、もしかしたら近い将来に、他のいくつかの国に続いて、民主主義と文明の名においてアメリカの攻撃を受けることになるかもしれない。

トルコは、ヨーロッパ評議会の一員であり、欧州連合への加入候補であるが、これほど進んだ国としてはかなり珍しい統計上の不明瞭さが存在する。出生率は統計によっては、世代交代最低水準ラインを下回っている。アメリカ国勢調査局によれば一・九四で、トルコの統計担当者が提示する率（二・二〇）より低い。アメリカ合衆国の人口資料局は、こちらの数値を確認している。ヨーロッパ評議会と国連は、それぞれ二・三五と二・三九という、より高い数値を出している。トルコの人口学的移行は、予想されたより緩やかということになる。この最後の二つの数値は正確である。何故そう言えるのかは、間もなく分かるだろう。トルコに非常に詳しいアメリカの人口学者、J・ボンガーツは、トルコを、出生率が足踏みしている発展途上国の一つに数えることをためらわない。

逆にイランについては、推算はどれも合致している。出生率は、国連によれば二・〇八、アメリカ合衆国の人口資料局によれば二・〇〇、アメリカ国勢調査局によれば一・七三で、これを見る限り、イランは明らかに「ヨーロッパ的」な国である。フランスの人口学者も、これを確証している[1]（**図４参照**）。

図4　トルコとイランにおける出生率の移行（1960–2005年）

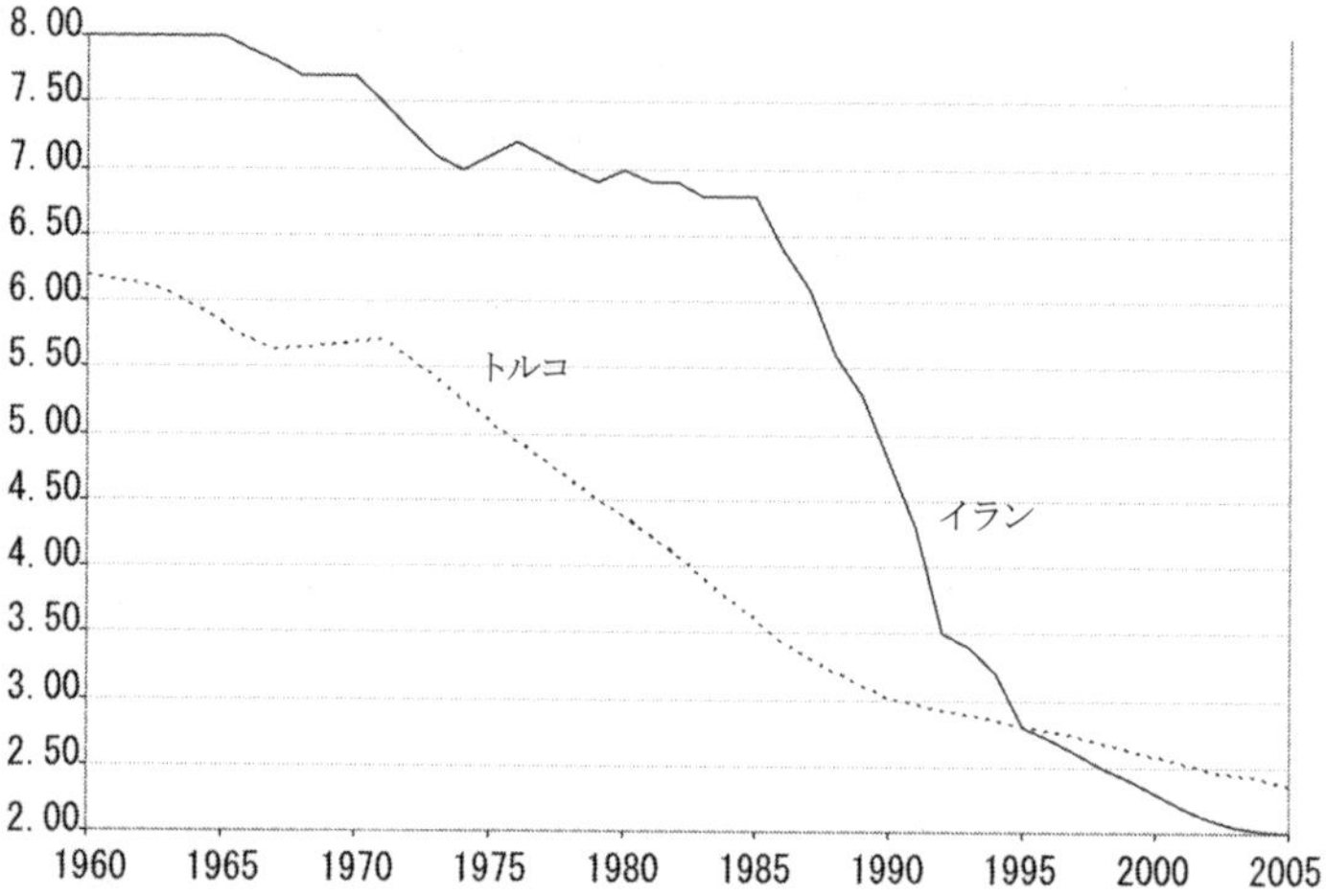

（注）縦座標は女性１人当り子供数での出生率状況指数。
（情報源）トルコ：世界出生率調査（WFS）、人口・保健調査（DHS）、戸籍および人口調査での出生による計算。イラン：Marie Ladier-Fouladi, *op. cit.*

国家の不確かな役割

これらの変遷に関して国家の果たした役割は曖昧である。第一次世界大戦で多大な人的被害を出した後、トルコ共和国は当然、出産奨励策を取らねばならないはずであった。ところがトルコ共和国は、口先だけで出産奨励策を打ち出したに過ぎなかった。ムスタファ・ケマルが率先垂範した模範によって打ち出されたのは、むしろマルサス主義的な流行であって、これが広範に、政治家、高級官僚、公社・会社の理事・重役といった、彼の後継者たちによって追随された。実際、「トルコ人の父」たるケマルには、子供はいなかったのである。トルコの出生率は、近隣諸国のそれと較べてきわめて高いというものであったことはない。両大戦間時代には、女性が生殖生涯の間に持つ子供の数は五・五であった。このような節度ある生殖態度は昔からのもので、イスタンブールにもオスマン帝国の諸州にも等しく認められる。因に、一九世紀には出生率は、オスマン帝国ではイスラーム教徒におけるよりもキリスト教徒における方が高かった。帝国から共和国へと変わっても、トルコの社会はその理想においてかなりマルサス主義的であり続けた。世論調査によると、希望出生率は常に実際の出生率より低い（一九九三年に、子供一・八、一九九八年には一・九、二〇〇三年には一・六）。

イランでは、実際の出生率と公式政策とは、これまでほとんど常に位相を異にして来た。国王（シャー）は家族計画を推進する意志的な政策を取ったが、女性一人当り子供八という出生率は、国王（シャー）治世の終焉までに七に低下したに過ぎない。一九八六年から出生率の目覚ましい減少が明らかになるが、それは予想に反して、イスラーム革命（一九七九年）と同時期に起こったのである。ホメイニ師はむしろ、イデオロギー的・戦略的理由から、国王（シャー）の家族計画の予定表を解体しようとした。しかしシーア派の伝統であるエジュテハード（解釈権）の現実主義によって、聖職者たちは、診療所での避妊具の無料配布や薬局での販売をやめさせる挙には出なかった。[2] 近隣諸国と事情は同じだが、石油価格の低下によって、住民が行なう産児抑制的選択も合理的とされた。こうした変遷の総仕上げとして、一九八九年に、第二次家族計画推進政策が公式に採択される。そしてアフマディネジャド大統領は、この政策があまりにも首尾よく行き過ぎたと考えるに至る。二〇〇七年、彼はイラン女性の出生率の低下と一家族当り子供二人というこの政策の規準に激怒した。それはもしかしたら、本書の共著者の一人〔トッド〕が答えたインタビューで、出生率の低下を近代化とヨーロッパへの接近の兆しとしていることへの、[3] 反応だったかもしれない。アフマディネジャドとしては、人口が一億二〇〇〇万人のイランを望む。つまり現在よりプラス五〇〇〇万人である。しかし、彼の助言が実効性をもって受入れられる可能性は極めて乏しい。トルコの元首相でイスラーム主義の福祉党のリーダーである、ネクメティン・エルバカンは、国民に「少なくとも子供を四人作る」よう勧めた。「人口とは、われわれが世界の中において権利を確立する手段たる国力だからである。（中略）西欧を模倣する者たちはわが国の人口を減少させようと試みている」というわけだが、この勧めも同様に従われることはないであろう。イスラーム主義の根本的な矛盾というのは、その指導者たちは伝統の守護者を自認しているのに対して、彼らを支える民衆のうねりは、近代化的な心性革命の結果としてもたらされたものだという点である。政治的勝利の後には、不可避的に文化的敗北が来るのだ。

いかなる予想にも反して、イランの出生率がいまやトルコのそれよりも低いのは、何故なのか？　即時的に参照し得るデータによれば、一人当たり国内総生産では両国は極めて近似しているが、イランの方がやや都市化している、という結果が出る。識字率五〇％のハードルは、トルコ人女性はすでに一九六九年に越えているのに対して、イラン人女性が越えたのは一九八一年のことである。しかしイラン・イスラーム共和国は、一見して文化的により活力があり、青年女性の識字化はより内容が濃く、九七％が識字化されているのに対して、トルコでは九三％である。とはいえこうしたことはいずれも、事態の表面に過ぎない。

人口学的移行と国民国家

トルコとイランは多宗教・多民族の国である。九九％がイスラーム教徒のトルコは、オスマン帝国時代に行なわれていた慣行を受け継いで、イスラーム教の中では宗派を区別しない（レバノンとは反対に）。しかしキリスト教徒――アルメニア人、ギリシャ人、アラブ人の――とユダヤ教徒についてはイスラーム教徒と区別している。とはいえ、「イスラーム教」の少数宗派の信徒も立派に存在する。アレヴィー派、ベクタシー派、キジルバシュ部族（総計で、トルコの人口の二〇％から三〇％）がおり、それに一七世紀にイスラーム教に改宗したユダヤ人であるが、今でも何らかの宗教的特性を保存しているデンメ派〔元シャブタイ派の隠れユダヤ教徒〕がいる。民族的多様性の方は、より知られている。すなわちクルド人が人口の二〇％を占めているのである。

イランはシーア派の国だが、やはりイスラーム教の少数派が存在する。スンニ派は九％だが、彼らはスンニ派として認められていない。さらにまたアレヴィー派、バハイ教徒、それにキリスト教徒やゾロアスター教徒の共同体を挙げることが出来る。民族的・言語的には、イランはトルコ以上に混合的で、ペルシャ人は人口のわずか五一％を占めるに過ぎず、アゼルバイジャン人が二四％、クルド人が七％を占める。アゼルバイジャン人の言語はトルコ系で、クルド人は、ペルシャ人同様、インド・ヨーロッパ語系の言語を話す。

トルコの過去は、宗教・民族紛争に満ちている。アルメニア人問題、ギリシャ人問題、アラブ人問題、シリアック語〔アラブの侵入以前より存在するアラム語系の言語〕問題、アレヴィー派問題、とりわけクルド人問題は、忘れられておらず、周期的にぶり返す。イランは、イスラーム革命の前も後も、こうした点ではより心静かである。[4] このような基本的な違いは、人口動態の面にも反映している。民族間・宗教間の敵対関係は、友好関係と全く同様に、人口動態に翻訳されるのだ。トルコでは、出生率に民族的な差異が依然として刻み込まれている。全国システムから遮断されて足踏みしている地域がいくつも存在するからである。イランでは、人口学的移行は国土の全域により広まっている。

地方ごとの人口動態指標を検討してみると、トルコの国土には、異なる三種類の人口動態局面が共存していることが分かる。「ヨーロッパ的」生活態度は、イスタンブールとアンカラという二つの都を震源地として何度かにわたって波状攻撃的に広がって行った。その地域は、ヨーロッパ・トルコと、小アジア西部、地中海と黒海の沿岸部で、出生率は、二・一という世代交代最低水準で、時としてはそれよりさらに低く、一・六である。中央部のアナトリアでは、出生率は三・〇より低く、移行は進行中であり、終着点に向かいつつあることが予想される。より東のクルディスタン（そのトルコ領部分）は、極めて出生率の高い地域である。トルコの東の果て、シリア、イラク、イラン、アルメニア、グルジアとの国境地帯に位置する、歴史の流れの中で激しい争奪の的となったこの地域では、女性一人当り子供の数は高く、五、時としては六に達する。これは社会的・経済的要因を、場合によっては文化的要因を考慮に入れるなら、異常な高さであると言わざるを得ない。アラブ人が居住する、旧アレクサンドレッタ県（サンジャク）（トルコに併合されてからは、ハタイと名称を改めた）でも、出生率は高い。

これらの人口学的発展の格差の原因は、当初の人類学的差異、あるいは少なくとも移行以前の人類学的差異の中に求められる。トルコ西部では女性のステータスは当初はより高く、内婚のレベルはより低かった。トルコを五つの部分に分けて調査したところ、一九八八年に、本いとこ同士の結婚の率は、西部地域では八・四％であるのに対して、クルド人を含めた「東部」地域では二二・六％であった。しかしこの「東部」の率でさえ、三五％のシリアのような、近隣アラブ諸国の率よりも明らかに低く、イランの率（およそ二五％）にかなり近い。トルコ諸民族は、スンニ派イスラーム教に改宗する以前は外婚制であったことを指摘しておこう。その点は、オスマン帝国に征服されてトルコ語化した、かつてのビザンツ帝国のキリスト教徒諸民族と同様である。

クルド人の人口動態上の独自行動は、シリア北部の、ハッサケ州とデル・エル・ゾール州、アレッポの周辺地域、ならびにイラクでも観察することができる。[5] イランのみは、クルド人がイランというシーア派の国の中でスンニ派であるという特異な条件にもかかわらず、このような人口動態上の分離的な動きを免れているようである。イランにはクルデスタンという名の州があるが、クルド人はこの他にも、ケルマンシャー州、西アゼルバイジャン州、イラム州の人口の過半数以上を占めている。イランの地方別出生率地図をトルコのそれと比較して目につくのは、クルド人の出生率が、クルデスタンでは一・九、ケルマンシャーとイラムでは一・八であり、最大値は西アゼルバイジャンの二・五にすぎないという具合に、他のイラン人のそれと収斂していることである。トルコでは、クルディスタン（NUTS1〔EUの地域統計の分類単位〕「アナトリア南東」と呼ばれる地方）の出生率は、二〇〇一年から二〇〇三年にかけて、未だに女性一人当り子供四・二に達していた。それに対して、イスタンブールとトルコ中央部という先進地域では、出生率は一・八なのである。これほど著しい人口学的・社会文化的亀裂を持った国を、一個の国民国家、「一にして不可分の」トルコ共和国、と言うことができるだろうか。民族によって差異化された出生率というものをイランで見つけようとすれば、少数派のアラブ人が居住するフーゼスタンにまで行かねばならない。そのアラブ人たちは、イラン・イスラーム共和国の人口の三%を占めるに過ぎない。しかし、彼らの出生率は女性一人当り子供二・六であり、ここでわれわれは同じアラブ人でも、子供三のラインを下回っているアラブ系住民集団、つまりは事実上父系原則と決裂したアラブ人たちに出会うわけである。唯一、イランの南東の果て、パキスタンに接する地に居住するバルチ人のみは、女性一人当り子供四・一という実質的な差異を示している。この集団は、総人口の二%を占めるのみである。

宗教、人口動態、民主主義

人口動態とは客観的なものであり、それゆえにわれわれは時として、お決まりの考えや習慣が退けるよう仕向けている現実も、受入れざるを得なくなる。トルコは、非宗教的で、中央集権主義的で、ジャコバン的とさえ言えなくはない伝統を継承しているのだから、現在は穏健イスラーム主義者が政権にあるにしても、本質的に近代的で民主的な国だ、イランは、宗教的であるのだから、蒙昧主義的で、全体主義とは言わないまでも、権威主義的な国だ、というのがお決まりの考えである。しかしながら、出生率の全国的ならびに地方ごとの指標は、イランはより近代的で、より同質的で、より個人主義的であることを、明瞭に示唆している。しかし実は、われわれがこれまで見ようとしなかった政治的な指標も、同じことを訴えていたのである。イランはより自発的かつ自然に民主主義を実現したのだ。トルコの政体は、民族主義的傾向の軍事クーデタから生まれたものであり、いささかでも逸脱の兆しがあれば厳重に対処する用意のある軍の監視下に、いまでも生き続けている。トルコの非宗教性は、個々人の自由な選択という観念と同一視することはできない。イランでは政体は、フランス、イングランド、アメリカ合衆国と同様に、本物の革命から生まれたのであり、ここでは自律的な要因としての軍は存在しない。もっともこの国には軍が二つある。一つは正規軍、もう一つは革命から生まれた革命防衛隊（パスダラン）である。この二重化が実際上は政治の自律性を保障している。選挙はたしかに絶対的に自由とは言いがたい。どんな者でも立候補することができるわけではないのだから。しかしイラン・イスラーム共和国では、いつでも投票が行なわれ、多数派の交替も頻繁に起こる。不完全な民主主義ではあろうが、将来大いに見込みのある民主主義なのだ。それというのも、この民主主義は、上から下された計画の表現ではなく、住民の総体の、異議申し立てを好み政治的多元主義を好む気質の表現だからである。

イランの政体が宗教的であることが、非宗教性と民主主義を具体的に結びつけた歴史を有するフランス人を困惑させるのは、それなりに理解できる。それに反してアングロサクソンには弁解の余地はない。イングランド革命とアメリカ民主主義とは、プロテスタント型の宗教的母体を持っていたからである。しかしよくよく考えてみれば、フランスのエリート層にもまた、いかなる弁解の余地もない、ということを認めなければならない。フランスのエリート層は、一九世紀前半のアメリカ合衆国における宗教生活と民主主義との間のつながりをまさしく浮き彫りにしたトックヴィルを崇め奉っているはずではないのか。トックヴィルはたしかにイスラーム教を好まなかった。しかし彼のイスラーム教についての知識は、アルジェリアとスンニ派の世界を越えてその先まで広がることはあまりなかった。もし、プロテスタント教と同様に近代化への志向を秘めたシーア派教理についてより良い知識を持っていたなら、彼は自分の判断を微妙に変えていたかもしれないのである。

トルコとイランの人口学的比較研究は、イラン・イスラーム共和国の方が進んでいることを浮き彫りにするがゆえに、ここから次のような枢要な結論が導き出される。すなわち、ここにおいて根本的差異は、宗教と非宗教性との間の差異ではなく、イスラーム教のスンニ派とシーア派という二つの変種の間の差異である、ということである。トルコを非宗教的伝統を持つ者と捉えるより前に、スンニ派イスラーム教に属する者として定義するべきだったのだ。このように歴史的展望を修正したからといって、イランの脱宗教化がもしかしたら実現し、この国にシーア派の伝統に根ざした非宗教性が出現するということに想いを馳せることを、われわれはいささかも禁じられてはいないのである。

パキスタンの人口爆発

一九四七年のインドからの分離と、一九七一年のバングラデシュの分離という二重の分離から生まれた「浄き者の国」パキスタンは、爾来、高い出生率のお蔭で人口を増やして来た。一九七一年の分割の際、この国はバングラデシュより人口が五〇〇〇万人少なかったが、今日では一八〇〇万人も多い。

インド亜大陸における人口に関する対立関係は、実はそれほどバングラデシュとパキスタンの間に存するわけではない。インドこそが真の相手であって、対処しなければならない脅威なのである。しかし一一億の人口を擁するインドには、とても追いつけるものではない。インドの人口増加は一九五〇年以来ゆるやかになっており、その時に較べて人口は三・二倍になったにすぎず、パキスタンは四・五倍に増大したにしても、である。しかしながら、一五〇四年から一八五七年までの間、亜大陸を支配したイスラーム王朝、ムガル帝国の黄金時代への回帰の幻想は、おそらく全面的に消え去ったわけではない。もしインド亜大陸全域のイスラーム教徒（パキスタン＋バングラデシュ＋インドのイスラーム教徒）が合同することにでもなったら、長期的にはイスラーム教徒の数がヒンズー教徒の数に追いつくことを予想することもできないではないのである。亜大陸のイスラーム教徒は、すでに二〇〇七年に五億人に達している。可能性という点で言うなら、明らかにより高い出生率（**図5参照**）を利用することもできよう[6]。もちろんイスラーム教徒は、この過剰出生率と引き換えに、生活水準の相対的悪化という対価を支払うわけである。

文化的指標は、全体としてパキスタンはその歴史的発展のスピードからして、相変わらずインド亜大陸、とりわけその北部に属するものであり、多くのパラメーターからして、ウッタル・プラデシュ、ラジャスタン、ビハールに近い、ということを確証してくれる。このような状況はあまり意外なこととは受け取れない。北部の二つのインド・ヨーロッパ語系の大言語は、国境をまたいでいるのである。西ではパンジャブ語は、パキスタンのパンジャブとインドのパンジャブにまたがる地域の言語である。東ではベンガル語は、イン

**図５　インド亜大陸（インド・パキスタン・バングラデシュ）における
イスラーム教徒とヒンズー教徒の人口（2000 年実績および 2050 年推計）**

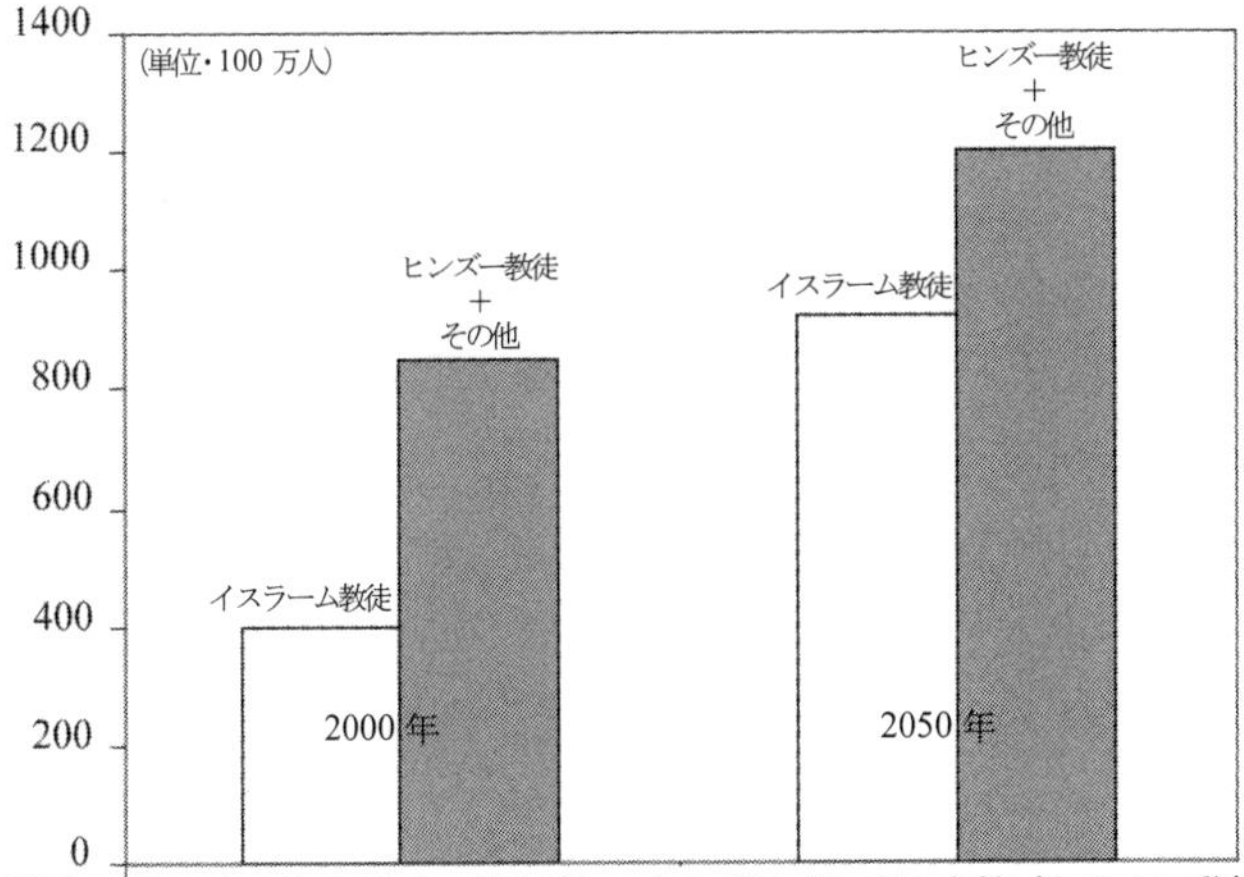

（情報源）パキスタンおよびバングラデシュならびにインドの宗教ごとの人口動態の予測による、2050 年の予測。

ドの西ベンガル州とバングラデシュの言語なのである。

識字化ハードルを越えた年も接近している。男性については、識字率五〇％に達した年は、パキスタンでは一九七二年、ウッタル・プラデシュでは一九七五年、ビハールでは一九七六年、ラジャスタンでは一九七九年である。女性についても接近しているが、ただし逆転している。女性の五〇％が読み書きができるようになったのは、ウッタル・プラデシュとラジャスタンでは一九九七年、パキスタンとビハールでは二〇〇二年である。パキスタンでは女性の遅れがさらに上乗せされていると指摘することもできよう。しかし、この地域全体は全地球的規模で言って、女性のステータスが最も低い地域の一つであることを、見失ってはならない。ヒンズー教地帯では、プルダと言われる、女性を家から外に出さない長い伝統が見出される。女子の就学の遅れは、むしろ拡大している。二〇〇五年において女子は大学生の三九％を占めているが、アラブ諸国とイランでは、女性の数的優越とまでは言わずとも、男女同数が常態なのである。

〇歳から五歳の女子の過剰死亡率は、パキスタンでは一一九で、モロッコの一〇二、イエーメンの一〇六、サウディアラビアの一〇六、シリアの一一二という、アラブ圏のそれと較べると明らかに高い。しかしヒンズー教圏のそれと較べるなら極めて低いということになるのだ。すなわち、ウッタル・プラデシュは一四三、ラジャスタンは一四〇、ビハールは一三五、そしてパンジャブは何と一九八なのである。しかしパンジャブは、シーク教徒が支配的な宗教集団をなす地域であり、例外的に有利な文化的発展の指標を見せる注目すべき先端的地域なのである。識字率五〇％のハードルは、男性については早くも一九六一年に、女性についても早くも一九八一年に越えられている。この地域全体として見れば、パキスタンの女子過剰死亡率は高くはない。多少緩和されている。それは、パキスタン人にはいとことの結婚が頻繁に見られるという、父系的システムにあってはよくある理由のためである。女性は父系集団に一生涯所属し続けることによって保護される。ところが徹底的に外婚的なヒンズー教徒とシーク教徒においては、女性は結婚に際して他の家族集団へと移転する。女性は出生家族にとっては、幸運というよりはむしろ負担であり、その帰結として虐待される。パンジャブのケースが改めて示唆するのは、出生率の低下は、子供の数を少なくし、男子を持つ可能性を少なくするものであるから、一般的に女子の過剰死亡率をさらに悪化させる要因として働く、ということである。これが近代国家なら、さらに超音波検査法によって、女子胎児の選別中絶が可能になる。中国は指標が一八四で、パンジャブに近い。パキスタンでは、五〇％という高い内婚率（イスラーム圏で最も高い率の例のひとつ）が女子を保護しているが、そのパキスタンにおいてさえ、進歩と女子の立場の悪化との間の連動が観察できるのである。近代的と見られたいため、両親はアンケートに対しては、子供の性別にはこだわらないと言明する。しかし現実には、手段が許す限り女子を厄介払いするのである。超音波検査法によって可能になった選別的胎児殺しは、農村部ではまだ抑えられており、男子誕生率一〇六・四は、正常ないし自然な水準一〇五をわずかに上回るにすぎない。しかし都市部では、男子誕生率は一〇八・一で、これだけですでに規準を超過しているのである。

人口動態の正常さと政治的脅威

パキスタンは、文化的発展のパラメーターからすると北インドに近いが、また同様に、イエーメンとモロッコというアラブ圏で最も遅れた国にも近い。この両国と同様に、出生率の低下は、女性の過半数の識字化への到達よりやや先行している。この両国との関連で言うと、パキスタンのケースは中間的である。出生率の最初の低下は、一九九〇年、すなわち識字化ハードルの乗り越えの一二年前に起こっているからである。イエーメンでは、わずか一一年前（表1―b参照）に起こっており、モロッコでは、ヨーロッパの影響で、二一年前に起こった。発展水準ではそこそこ同じなのに、西隣りのイランでは人口学的移行が完了し、東隣りのインドではより低い出生率が観察されるということが、パキスタン人の心性に及ぼす影響を詳細に研究したら、興味深いであろう。すぐ間近にいるヒンズー教徒の出生率は、三から四の間である。

パキスタンの出生率は、のろのろと低下する。一九八八年にそれは子供五・三六だったが、それ以降、平均して年に〇・九%ずつしか減少していない。二〇〇五年に子供四・六であるパキスタンの出生率は、この地域全体の中で最も高く、イエーメンを除くアラブ圏のそれを大幅に超過している。北インドのイスラーム教徒の出生率がパキスタンのそれに追随するさまは、まことに印象深いとしか言いようがない。一九九八・一九九九年度において、ウッタル・プラデシュでは四・八、ラジャスタンでは四・九、ビハールでは四・四なのだ。もしかしたら、少数派という立場と、これらの州ではイスラーム教徒は社会的・教育的な面で最も特権から遠い階層に属しているという事情が組合わさった結果、多少の「ドーピング」が起こっていると想定すべきなのかもしれない。とはいえ少数派という効果の方が勝っているに違いない。何故ならインドの他の州、イスラーム教徒が反対に平均より上の教育的状況を享受しているタミルナド州やカルナタカ州でも、彼らの出生率は周りのヒンズー教徒のそれよりも高いからである（表6参照）。[7]

パキスタンは、イスラーム教徒が九七％であるから、同質的な国と考えられている。しかし現実にはこの国には、いくつもの断層が走っており、それによって人口増加の不安定化効果がさらに悪化するのである。[8] イスラーム教そのものは、二度にわたる分離（一度目はインドからの分離、二度目はバングラデシュの分離独立）から生まれた国の中でアイデンティティに関わる要求を沈黙させるほどの統合機能は持たない。このような文脈において、パ

表6　インド各州の出生率と識字率

	出生率 (1998-99)		女性の識字率 (%)	
	ヒンズー教徒	イスラーム教徒	ヒンズー教徒	イスラーム教徒
ウッタル・プラデシュ	3.9	4.8	70	75
ラジャスタン	3.7	4.9	76	81
ビハール	3.4	4.4	76	83
マディヤ・プラデシュ	3.4	3.4	70	58
ハルヤナ	2.8	6.0	55	89
グジャラット	2.7	3.1	52	40
マハラシュトラ	2.5	3.3	46	38
オリッサ	2.5	3.0	60	55
デリー	2.4	3.0	29	54
パンジャブ	2.3	3.3	35	64
アンドラ・プラデシュ	2.2	2.5	65	51
タミルナド	2.2	2.6	50	35
ヒマチャル・プラデシュ	2.1	3.2	35	66
カルナタカ	2.0	2.8	77	17
西ベンガル	2.0	3.3	46	61
アッサム	2.0	3.5	50	64
ケララ	1.6	2.5	12	17

（注）出生率は、女性1人当り子供数。識字率は、識字化された女性の割合（%）。
（情報源）国際人口学研究所、国立家族健康調査（NSH-2）、インド 1998-1999 年度：ウッタルプデシ等々。（国毎に一巻）ORC, Macro, 2001.

キスタン（浄き者の国）という国名そのものが表現する純粋の理想は、現実に対する危険な挑戦となりかねないのである。例えば周縁部の諸州と民族集団――バルーチ、シライキ、パシュトゥーン――の出生率は、中央部の諸民族――パンジャブ人、シンド人、あるいは一九四七年の分割のときにインドから追われた、ウルドゥー語を話すムハジル人――のそれよりも高い。この「浄き者の国」において、この点をめぐるタブーは強く、政権は明らかな理由もなしに一九八一年の国勢調査の実行を取り消し、それを一九九一年に延期するとしておきながら、結局は一九九八年まで実行することがなかったほどである。それは議会での民族ごとの代表性の問題、それに応じた予算配分の問題という厄介な諸問題を先送りするためであった。これらの問題は、伝統的に中央諸州にとって有利に解決されていたのである。こうしたこと一切は、奇妙にもレバノンを連想させる。

もう一つのレバノンとの類似は、人口の二〇％から二五％を占めるシーア派の存在である。およそ四〇〇〇万人のシーア派信徒を抱えるパキスタンは、イランに次いで、世界第二のシーア派国ということになる。彼らシーア派信徒は、しばしばスンニ派原理主義者たちの収奪の的にされている。ＳＳＰ〔スンニ派過激派組織「シパーヘ・サハバ・パキスタン」〕は、パキスタンがスンニ派の国なりと宣言し、シーア派信徒が二流市民にすぎない存在になる、つまりヒンズー教徒やキリスト教徒と並ぶ新たな非イスラームの少数派になることを望んでいる。シーア派は、一時代前の、つまり移行期以前のレバノンのシーア派と同様に、こうした政治的危険に対して、他のパキスタン人の出生率よりさらに高い防衛出生率によって身を守ろうとした。たしかに彼らはより貧しく、教育程度も低い。しかしインドに居住するイスラーム教徒の場合と同様に、少数派コンプレックスの存在を想定することも必要なのである。

パキスタンは、発展水準からすれば最も遅れたアラブ諸国に近いのだが、同時にまたイスラーム教国の中で唯一の核保有国でもある。そこでこのような科学技術的先進性に非常に高い対価を支払っている。国内総生産の六％が国防費に向けられているのだ。これは国内総生産に対する比率で言えば、インドの支出の三倍に相当する。人口の差のためにやむを得ないのである。このような好戦的姿勢は、ある程度の社会の軍国化を伴わずにはいないが、それが部分的には発展の分野での国家の努力の不足の説明となっている。

パキスタンの人口動態について口に出せない事柄とは、インドとの競争関係である。パキスタンの原爆は、この競争関係のいくつもの兆候の一つに過ぎず、おそらくは最も重要なものでさえない。自国の人口動態をどう見るかと尋ねられると、パキスタンの権威筋は倦むことなく、人口当り出生率が高すぎると思うと繰り返し言明する。これは試運転済みの決り文句で、世界銀行、ＩＭＦ、ＵＳＡＩＤ〔アメリカ国際開発庁〕といった出資者たちを満足させるために作詞作曲され、唱われているリフレインに過ぎない。実のところは高い出生率は、国民の福祉よりは亜大陸における地政学的力関係の方が実は気になって仕方がない指導者たちの、心の底での熱望を反映しているのではないのだろうか。スンニ派のアラブ圏では、最も父系的な諸国が突き当たる出生率の壁は、女性一人当り子供三である。パキスタンの場合は、四のラインが越えられるかどうかも未だ定かでない。もちろんパキスタンがその発展水準に見合った軌道から逸れることになると断言するにはまだ早すぎるにしても。実のところ、状況は想定されるあらゆるケースにおいて、不安をかき立てる体のものである。パキスタンは人口学的移行期にあり、父系・内婚原則が最大限の形で現れる国における、近代性への移行期のイデオロギー的・政治的危機がいかなる形態を取るかは、予測するのが難しい。イスラーム主義の伸張が起こるのは確実だが、それにしてもどのような型のものとなるのだろうか。もう少し想像力を逞しうするなら、五〇%に及ぶ内婚率によって濃密化されている家族構造の解体は、原子核の分裂を連想させずにはいない。イランの核への野心に対するアメリカ合衆国の不安には、誇張と自己欺瞞の気配がないわけではないけれども、アメリカの外交が現実の核保有国である同盟国パキスタンに対する態度で見せる軽率さは、率直に言って無責任であると言えるのである。

アフガニスタンにも触れておこう

パキスタンとアフガニスタンの国境は穴だらけで、そのため大部分がパシュトゥーン人からなるタリバンは、国境の向こうのパキスタンのいとこたちから、二〇〇一年の「敗北」の後にＮＡＴＯ軍と戦うために必要な軍事援助と精神的な励ましを見出すことができた。この爆発的に人口が増加する二つの国の中で、パシュトゥーン人の人口増加はさらに爆発的なのである。あらゆる要素がより合わさって、出生率はパキスタン側で地域的記録を打ち立てることになったが、それはアフガニスタンの新記録の単なる予告に過ぎなかった。アフガニスタンの結婚年齢は極めて低い（一六・八歳）。それも特に若い世代でそうであり、避妊具はあまり評価されていない。二〇〇三年に避妊薬・避妊具を用いた夫婦は一五％に過ぎない。これはすでにあまり用いられていないパンジャブのさらに半分の頻度に過ぎないのである。

アフガニスタンの人口動態は、絶え間なく続いた戦争――ソ連の侵入、内戦、そして最後にアメリカの侵入――の所為で、よく分からない。複数の国際機関が提供する積算は、大幅に仮定的ではあるが、それでも出生率は子供六・八〇、幼児死亡率は一四六‰という点で一致している。この二つの変数がこのような水準にあるということは、この国が人口学的移行期以前の国であることを示すものである。そうした推定は一貫しており、農村部人口が八〇％、国内総生産は世界最低クラス、文盲率は二〇歳から二四歳の男性については四九％、同じ年齢層の女性については八二％という非開発状態は、歴然としている。しかしながら男性は過半数の識字化のハードルを越えつつあるところであり、これがイデオロギー的再活性化のモメントとなるかもしれない。これまでに抵抗勢力が見せた軍事能力の結果を考慮するなら、このような数値は、現地にいて、この先どれほどの期間ここに留まるのかと自問している西洋人に最大限の慎重さを促すことになるはずであろう。

バングラデシュ――人口過密と出生率の低下

教育面では、バングラデシュはパキスタンよりさらに遅れており、したがってこの国はイスラーム圏のびりっけつである。男性が識字率五〇％のハードルを越えたのは、ようやく一九八八年のことだった。女性がこれを越えるのは、二〇一五年頃だろう。バングラデ

図6　バングラデシュにおける出生率移行の足踏み（1972-2005年）

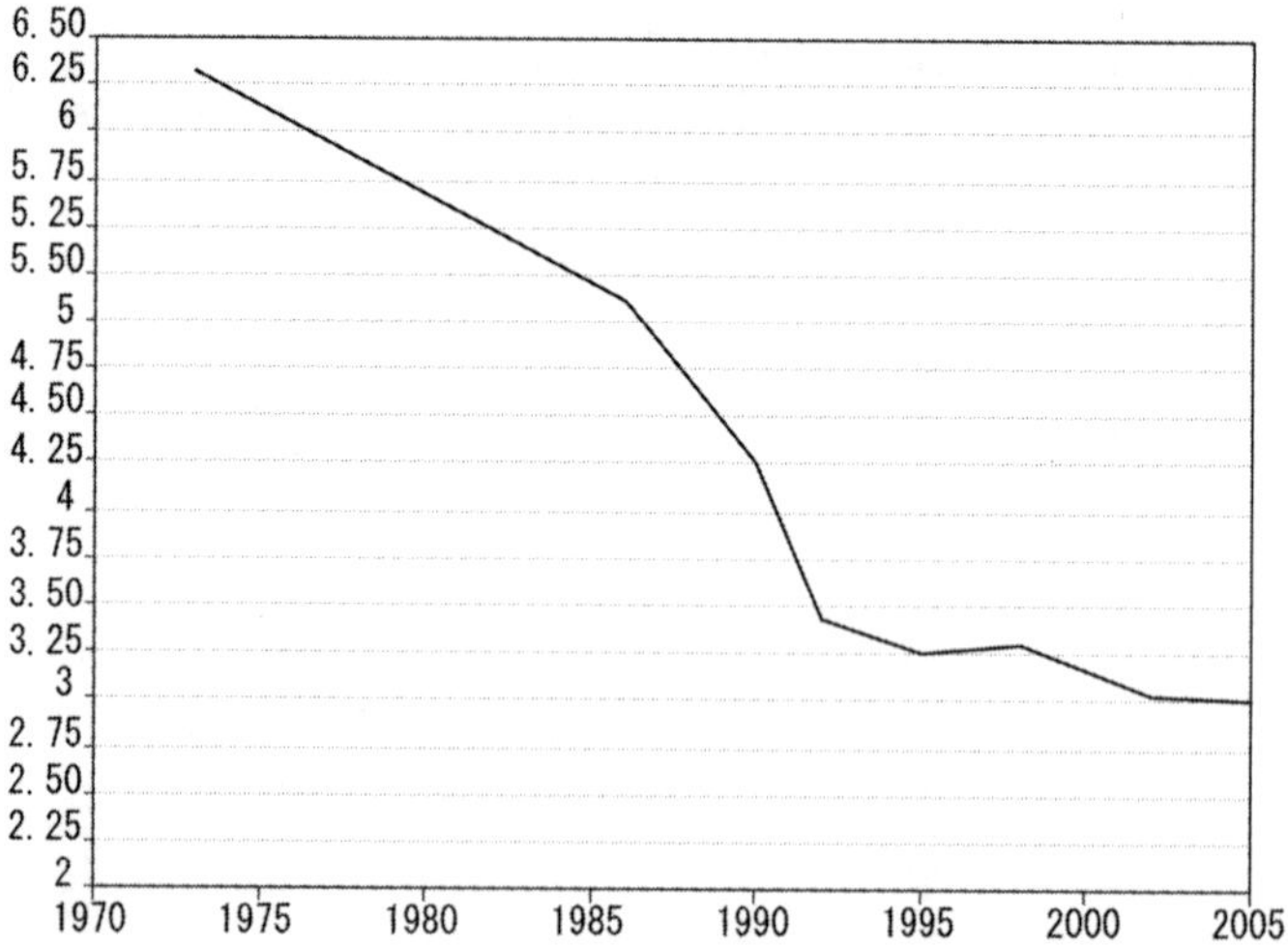

（情報源）世界出生率調査（WFS）、人口・保健調査（DHS）の調査。

シュの出生率の変遷には、移行期に関するいかなる文化理論も当てはまらない。女性識字化の推進的役割を強調する古典的理論も、例えばモロッコのようないくつかのイスラーム国についてわれわれが行なったように、男性の推進的役割を強調する理論も。出生率は一九七〇年頃低下し始めた。これは男性の過半数の識字化のハードルが越えられるのより一八年前である。早くも一九九五年には、出生率は女性一人当り子供三・二五に落ちた。変化は急速だったが、しかしそのあとはほとんど停滞状態になってしまった。二〇〇五年には出生率は、女性一人当り子供三に安定化した感がある。

このような理論への挑戦を前にしたときは、単純で思慮深くなければならない。バングラデシュの規準外の軌道を説明することができるのは、只一つ、次のような明白で圧倒的な要因だけである。すなわちこの国の啞然とするような人口密度である（平均して一平方キロメートル当り一〇二〇人）。このような絶対的な人口過剰が、識字化の効果を待つことなく、個々人が己の出生率を調節するように仕向けることになったという仮説が考えられる。なにしろ処分可能な土地は存在せず、想像することさえできないのだから。これに対しては、エジプトの「使える」国土は、一平方キロメートルあたり二〇〇〇人という世界最高の人口密度の一つを見事に受入れており、しかもエジプトの出生率は下がっていないではないかと、反論する人もいるだろうし、それはそれでもっともである。しかしエジプトは砂漠なり紅海沿岸なり、ともかく歴(れっき)とした陸地の上に広がることができる。バングラデシュは、広がるとしたら、水の上に出るしかないのである。

イスラーム諸国の中では、バングラデシュはつい最近まで、その低開発状態にも拘わらず急速に移行が実現したという理由で、人口学的美徳の模範とされて来た。(9)それが今では、発達の専門家と人口学者たちの期待を裏切っている。

もはや変化を示さず停止したパラメーターは、出生率だけではない。女子の結婚年齢の早熟さも、実質的には揺らいでいない。二〇〇四年の平均結婚年齢は、一四・五歳である。五八%が一五歳より前に結婚し、一八歳以前に結婚する者は八五%に上る。この慣習の原因をイスラーム教に帰するのは、フェアーではないだろう。弱年女子結婚は、北インド一般の伝統なのであるから。避妊はかなり広まっており（結婚した女性の五八%が行ない、四七%は近代的方法で行なっている。これはパキスタンの二倍に当たる）、早期弱年女子結婚の効果を緩和している。[10] 中絶は、部分的には容認されているが、希である。希望出生率は実際の出生率よりかなり低い。三ではなく、むしろ二である。女性のステータスは、あまり高いとは言えないが、それでもパキスタンやそれに隣接する北インドの地域におけるよりは、はるかに有利である。幼年女子の高い過剰死亡率はここでは観察されない。パキスタンが一一九であるのに対して、一〇八である。男子誕生率（女子一〇〇に対して、男子一〇六）を見る限り、常態に対する過度の逸脱は認められない。

女性の条件については、統計は矛盾するメッセージを伝えて来る。女子就学率は、一五歳以前では高く、七八%で、男子のそれ（七五%に留まる）より高い。しかしそれ以降になると、早期の結婚が女子の前進を阻止することになる。女子は中等・高等教育にはほとんど進まない。しかし結婚した女性は、時として外で働くこともある。実際、女性労働率は、一九％とかなりのもので、パキスタンの二倍に上る。これらのデータから引き出すことのできる印象とは、この国の家族は、弱い父系制が、かなり低い内婚率（八％）と結びついたシステムで、出生率指標（子供三）が見せる抵抗は、アラブ圏で時として観察される、男子を持たないことへの恐れという父系原則が行なう抵抗と、類似のものと考えることはできない、ということである。[11]

民族的側面もまた説明要因ではない。バングラデシュでは、民族間の競争関係はほとんど出生率に干渉しない。というのも住民はかなり同質的で、わずかにヒンズー教徒、キリスト教徒、バハイ教徒、アフマディー派が、合わせて一七％ほどいるだけである。ベンガルのイスラーム教徒はすべてスンニ派で、シーア派は数万人を数えるに過ぎない。それでは最近の停滞の中に、「イスラーム教の回帰」の効果を見るべきであろうか。この場合、「回帰」というのは、厳密な意味での「回帰、帰還」であって、つまり外国に出稼ぎに行って帰って来た者たちのスーツケースで運ばれた、という意味である。エジプトやシリアと同じく、バングラデシュは、アラビア半島に移民を送り込んでいる。彼らが帰還する時、ただ消費物品を持ち帰るだけではない。ワッハーブ主義に培われたイスラーム教観も持ち帰るのだ。この保守的な輸入されたイスラーム教が、いささかエジプトやシリアの場合のように、移行の足踏みを説明すると思われる。また時として、「パキスタン化」のプロセスも想定される。親インドのアワミ連盟の敗北と、バングラデシュ民族党（ＢＮＰ）とイスラーム主義政党、バングラデシュ・イスラーム協会（ＪＩＢ）の連立政権――ちなみに首班〔カレダ・ジア〕は女性である――の勝利以来、バングラデシュにおける「タリバン化」と政治的イスラームの突然の出現を問題とする論者さえいる。

ベンガルの二つの部分〔インドの西ベンガルとバングラデシュ〕における出生率の軌跡が分かれることに注意を喚起する者もいる。インドの西ベンガルは、四分の三がヒンズー教徒だが、ここの出生率は二・〇七で、世代交代ラインより低い。移行が停止状態にあるイスラーム教国のバングラデシュとの対照は、まことに鮮烈である。言語が同一なのだから、文化的伝染による収斂がもたらされても良いはずだったが、敬虔主義的イスラーム教がバングラデシュの心性的変化を凝固させてしまい、そのために移行の停止が引き起こされたとも考えられる。しかし、ここでもう一度確認しておくが、教育の軌跡を検討するなら、宗教的変数が出生率の上に直接の作用を及ぼしたという仮説は、退けられるに至る。西ベンガルは、ずっと以前からはるかに高い教育水準を有している。男性は早くも一九四九年に、すなわちバングラデシュより四〇年早く、過半数識字化のハードルを越えている。女性は一九八七年、つまり二八年早く越えている。バングラデシュの出生率は、それほど高いわけではないのだから、それが現在停滞している責任はイスラーム教にあると決めつけるのは、いささか早すぎる。むしろ逆に、子供六・五から子供三への急速な下落が、そのような変化のための理論的条件を何一つ充たしていない国で実現するのを妨げなかったという功績を、イスラーム教に認めてやっても良いのではなかろうか。

第七章

共産主義以後

バルカン半島からカフカスを経て中央アジアにまで至る軸にそって、世界大宗教の中で最後に生まれたイスラーム教と、二〇世紀の普遍主義的大イデオロギーたる共産主義との間に、一種接触前線とも言うべきものが打ち立てられた。二つの信仰はその地でしばらくの間、重なり合ったのである。大抵は外部から到来した勢力である、ロシアもしくはユーゴスラヴィアの共産主義が、イスラーム空間の一部を政治的統制下に置いたからである。とはいえアルバニアの場合には、共産主義とイスラーム教の組み合せは、本質的には内発的現象であった。エンヴェル・ホッジャの親中国政体は、イスラーム教を信ずる国に生み出された真性の国民的創造物であった。

ヨーロッパ南東部からアジアの中心部まで延びるこの長い境界線が存在するのは、ただ偶然のみによってもたらされた事実ではない。アラブのイスラームと、ロシアないしセルビア・クロアチアの共産主義との特殊な人類学的土台は、共通点と根本的差異とを見せており、境界現象はこのことに由来するのである。共通点とは、父親とその妻帯の息子たちの結合を理想形態とする父系共同体型の伝統的家族構造である。差異の方は婚姻モデルに関するもので、アラブ圏の場合は内婚、ロシアないしセルビア・クロアチアの場合は外婚である。接触前線を構成するすべての国は、イスラーム国にせよキリスト教国にせよ、もともと人類学的には、父系共同体的家族発展サイクルを取る国々なのである。アルバニア、ボスニア、セルビア、ブルガリア、トルコ北部、カフカスの諸民族、ならびに、中国のウイグル人まで含めた中央アジアのすべての民族がこのケースに当てはまる。そしてもちろん、中国人それ自体も、仏教徒だろうと儒教徒だろうと、イスラーム教徒の回族だろうと、これに当てはまるのである。これら諸国を包含する地域は、おおむね内婚制と外婚制の間の接触前線に対応している。しかし婚姻モデルの分布は、キリスト教とイスラーム教の区分には制約されない。イスラーム教化されても、アルバニア自体とコソヴォのアルバニア人のように、外婚制を守っている民族もある。ボスニア人、チェチェン人、カザフ人、キルギス人、回族も同様である。トルコのトルコ人は内婚であるが、その率は低い。アゼルバイジャン人は内婚で、トルクメン人、ウズベク人、タジク人も同様である。トルコ語諸民族――カザフ人、キルギス人、アゼルバイジャン人、いわゆるトルコ人、ウズベク人――は、したがってすべてが同じカテゴリーに属するわけではないのである。

このような分布の原因は、それほど不思議なことではない。内婚制の諸民族は、最も古くイスラーム化された民族で、すでに八世紀にウンマ〔イスラーム共同体〕の圏内に組み込まれた。トルコ語系遊牧民のイスラーム化は比較的後になって起こった現象で、一〇世紀から一三世紀にかけて進行した。その諸部族は父系集団の外婚制に頑強に執着しており、トルコ語系諸民族に内婚率の高い内婚制が見られるのは、実を言えば、以前からイスラーム化されていたインド・ヨーロッパ諸民族にトルコ諸語が上から被さった所、つまりアゼルバイジャンや特にウズベキスタンにおいてなのである。タジク人はイラン語、つまりインド・ヨーロッパ語に留まっている。バルカン半島では、イスラームによる征服はさらに最近の事柄であり、オスマン人によってなされたわけだが、オスマン人はもともと内婚への傾向は弱かった。チェチェン人の場合は、イスラーム化は一八世紀に遡るに過ぎない。トルコ諸民族はすべてスンニ派イスラーム教に改宗した。唯一の例外はアゼルバイジャン人で、彼らは複雑な歴史を経て、ペルシャのシーア派の支配下に入ったのである。

アゼルバイジャンは、ゾロアスターとマズダ教〔ゾロアスター教〕の祖国であるが、非常に早く、ほとんど大シリアやマグレブと同時期に、イスラームの征服者たちに服属した。一三世紀には、セルジュク朝によってトルコ語を押し付けられたが、アゼルバイジャン人は、一六世紀にサファーヴィー朝イランに付き従うことになり、正統イスラーム教から分かれ、シーア派の黒旗の下に馳せ参ずることになる。これはトルコ語系の中で唯一シーア派が支配する民族で、その多数はイラン領内に暮らすが、その住民の七五％がシーア派である。それに対してタジキスタンは、アゼルバイジャンの逆転版とも言えよう。ペルシャ語系でいながら、スンニ派なのである。

人口動態にもたらされたイスラーム教と共産主義の複合的効果を、以下の八つの国について研究することができる。すなわち、ウズベキスタン（二〇〇七年における人口、二七四〇万人）、カザフスタン（同、一四八〇万人）、アゼルバイジャン（同、八五〇万人）、タジキスタン（同、六七〇万人）、キルギスタン（同、五四〇万人）、トルクメニスタン（同、五〇〇万人）、アルバニア（同、三二〇万人）、ボスニア（同、三九〇万人）である。これにコソヴォ（同、二五〇万人）を付け加えることができる。これは地域としては明瞭に定義されているが、その国際的身分は依然として未確定のままである。

識字化の加速

世界の識字化の極たるヨーロッパに近接していることから、この接触前線は、教育面ではイスラーム圏の中で相対的に進んだ部分となった。旧ユーゴスラヴィアの領域内では三つの宗教が実際上同じ言語を話すという事実によって、普及のメカニズムが容易に進行した。正教のセルビア人、カトリックのクロアチア人、イスラーム教のボスニア人は、家族制度の面で異なることがないが、それ以上に言語の面で異なることがない〔ボスニア人の言語はセルビア語であり、クロアチア語は文字がローマ字であるが、実質的にはセルビア語と同じ言語である〕。インド・ヨーロッパ語系だが、かなり孤立した言語を持つアルバニアは、キリスト教ヨーロッパ諸国に囲まれており、そのお蔭でこの国は、文化的に前衛的な国になるとまでは行かずとも、一九五五年頃に二〇歳から二四歳の女性の五〇％が識字化されるというハードルを越えることができた。ギリシャに遅れること六五年、ポルトガルに遅れること二五年である。

かつてソ連領であった中央アジアでもヨーロッパの影響は強い。しかしそれは自然発生的な普及メカニズムによって進行したものではない。ソヴィエト政体は、大衆識字化を優先事項の一つとし、この領域で注目に値する加速化を為し遂げた。人類の歴史に対する共産主義の積極的貢献を認めるというのは、いささか現代の精神にそぐわないのではあるが。しかし共産主義の教育に対する非常に真剣な執念が実際に中央アジアを識字化したのは事実である。しかしそれは何時なのか？　ソ連の国勢調査では、それに正確に答えることはできない。識字化について信用できる最新の調査は、一九二六年のものである。しかしその時点では、ハードルは乗り越えるにはまだほど遠かった。例えばアゼルバイジャンは、産油国で、ほとんど完璧に識字化されたロシア人を多数迎え入れており、当時、すべてのソ連領イスラーム教系共和国の中で遅れた方ではなかったのに間違いはない。しかしそのアゼルバイジャンで、二〇歳から二四歳のトルコ語系の識字率は、男性については二五％、女性については四％にすぎなかった。つまりおおよそのところで、一九〇〇年頃のシリアの状況と同じような状況であった。次の国勢調査は一九三九年に行なわれたが、そこではすべての共和国について、スターリニズムの魔術がすでに、すべての世代の同時的識字化という不可能を現実にしていた。この偽造には、その後の調査は実質的に言及することはできなかったのである。教育に関するスターリン主義的な自信過剰を下方修正し、中央アジアのイスラーム系共和国については、識字化ハードルの乗り越えは、男性については一九四〇年から一九五〇年までの間、女性については一九五〇年から一九六〇年までの間に起こったと認めるのが、妥当なところのようである。こうした変遷からすると、これら諸国の男性は、識字化のスピードとしてはレバノン、ヨルダン、シリアのすぐ後に位置するということになり、女性はほぼレバノンと同じ水準にある、つまりはイスラーム系諸国の先頭集団に加わっている、ということになる。

一九七〇年代のソ連での論争以来、われわれは中央アジアの諸共和国の人口動態の相対的な遅れ(1)を問題とすることに慣れている。当時ロシア人は、イスラーム教徒の出生率の高さに不安を感じていた。「スラヴ人」の出生率はすでにはるかに低かったため、イスラーム教徒の出生率の高さの自動的な効果は、必然的にソ連邦の中に新たな不均衡をもたらしつつあったのである。スターリン時代が終わり、フルシチョフ時代が始まる頃、「キリスト教系」ソ連邦（ロシア、ウクライナ、ベラルーシ、バルト諸国）では、第二次世界大戦での人的損害にもかかわらず、また人口に関するイデオロギーが出産奨励的なものであったにもかかわらず、出生率はすでにかなり低かった（一九五〇年から一九五五年において、女性一人当り子供三を切っていた）。イスラーム系共和国は、世界大戦の被害は比較的少なく、出生率指標は、女性当たり子供五・四から六・八と、二倍も高かった。皮肉なことに、イスラーム系共和国は、当時のマルクス主義の反マルサス主義的な規準に従う唯一の国家群だったのである。ソ連ならびにユーゴスラヴィアとの絆を断った、親中国のアルバニアも同様で、一九五八年に女性一人当り子供六であった。

しかし観点を逆転させ、中央アジアの人口動態の歴史を、イスラーム圏全体の歴史の中に置き直して見るなら、われわれは全く異なる結論に到達することになる。すなわち、イスラーム系の中央アジアとカフカスの人口学的移行は、完全に早期的なものであった、との結論である。アゼルバイジャンでは、出生率は一九六三年頃に低下する。イランの出生率の低下に先立つこと二〇年である。キルギスタンとカザフスタンでも、同じ頃に低下が始まる。もっともカザフスタンは、当時人口の半分がロシア人であったが。ウズベキスタンとタジキスタンは一九七三年頃に低下が始まる。イスラーム圏でこれより成績が良いのは、一九五〇年から低下したトルコと、一九六五年から低下したチュニジアだけである。すでに見たように、アラブ諸国の過半数で、移行の開始は一九八五年から一九八九年の間に起こっている。最後尾のトルクメニスタンでさえ、アラブ圏の中心部より成績が良い。その出生率は一九七八年に低下し始めているのである。ソ連邦のイスラーム系共和国での移行の開始を示す年は、青年女子の識字化を一九五〇年から一九六〇年の間とするわれわれの推定と、かなり適合するように思われる。だとすると、移行の標準理論によれば、出生率を低下させるきっかけは女性の識字化であるわけだが、これはまさにそのような女性識字化の標準的ケースということになろう。イスラーム教と共産主義の重ね合わせ地帯の西の果てにあるアルバニアには、標準理論は完璧に当てはまる。女性の過半数の識字化は一九五五年頃に実現したが、それは一九五八年頃の最初の出生率下落と対応するのである。イスラーム教や、これらのすべての国に共通の父系原則が、抑制効果を発揮している事例は全く観察できない。ひとたび識字化が実現するや、出生率の低下が後に続くのである。一カ国を除いてそれらすべての国で、現在までに到達された出生率の水準は、女性一人当り子供三のラインが突破されたことを明らかに示している。二〇〇五年において唯一タジキスタンのみは未だに三・四〇となっている。キルギスタンは二・八七、トルクメニスタンは二・六二、ウズベキスタンは二・四三、カザフスタンのカザフ系住民は二・二、アゼルバイジャンは一・七である。アルバニアは、二から二・一五の間のどこかに位置する。

旧ソ連邦のイスラーム系共和国について観察される指数の平均は二・五四で、フランスの影響を受けたマグレブ三国の平均指数二・三四よりわずかに高い。この二つを比較するのは、論理的であり必要でもある。このイスラーム圏の二つの部分は、一方はフランスの植民地支配、もう一方はロシアの共産主義という、ヨーロッパの大量の影響を平行して被った。その結果は互いに類似している。すなわち、イスラーム圏の他の部分に対する著しい前進、女性一人当り子供三のラインを越えるとともに、父系原則が内側に崩壊したこと。加速化の仕掛けは正確には同じではない。ソ連の影響はある意味では古典的と感じられる。女性の識字化の加速化が出生率の下落の加速化を引き起こした、と考えればそれで済む。フランスの植民地支配は、マグレブの識字率に対して、中央アジアに適用された共産主義ほど積極的な効果を発揮することはなかった。モロッコとアルジェリアの教育水準は、フランスが手を引いた時、非常に低かった。チュニジアもわずかにましだったに過ぎない。マグレブの人口学的移行の加速化の本質的な部分を説明するのは、移民の移動と、「教育外」の文化的影響である。とりわけ、女性が識字化五〇％のハードルを越えるより前に出生率の低下が起こったモロッコとチュニジアの場合は、そうなのである。

アゼルバイジャンは、特に低い出生率で際立っている。再生産ラインよりはっきりと低く、完全に「北西ヨーロッパ」流の出生率である。一・七というその率において、この国は隣国イランの多くの州に近いが、もっともそれらのイランの諸州には、アゼルバイジャン語を話す者の過半数が暮らしているのである。シーア派教義は、不正と疑われる現世に対する論争と反抗を奨励する。そのうえ残留性の女性尊重の痕跡も窺われる。だからアゼルバイジャンの人口密度の近代性の原因は、確実にシーア派教義と考えられるのである。ここにおいてスンニ派とシーア派というイスラーム教の二大分派の間の差異は、イスラーム圏とキリスト教圏の間の差異よりも、より関与性のある説明基準としての姿を現す。共産主義化された地域とイスラーム圏のうちの「自由」世界に留まった部分との境界線は、人口当り出生率の地図の上からは消え去っている。しかしながら共産主義は、特殊な出生調節の方法によってその痕跡を残したのである。この方法は、近代性も優しさも思わせることのない、全く特殊な方法なのだ。

中絶――イスラーム的ならざる出生調節

西洋と最も接触する機会のあるところ、レバノンやマグレブでは、女性たちは時として、二八歳から三〇歳になるまで結婚しない。一世代前だったら、彼女たちはオールドミスと受け取られただろう。逆に中央アジアは、結婚したいと思う女性にとっては、地上の楽園のようなものである。三〇歳で未婚の女性の率は、ウズベキスタンやキルギスタンでは五%、カザフスタンやトルクメニスタンでは一四%、アルバニアでは一八%、アゼルバイジャンでは二四%である。[2] フランスの影響下にあったアラブ圏では、二五歳を過ぎても独身のままで、三〇歳でもまだ独身であるというのは、今やしきたりに適った事柄となっている。それは三〇歳のモロッコ女性の四一%、チュニジア女性の五四%、レバノン女性の五〇％の状況であり、さらに五八％という最高記録はアルジェリア女性が保持している。中央アジアの女性は早めに、二〇歳ぐらいで（二〇歳から二一・五歳の間に）結婚し、最後まで独身の女性は一％から五％に過ぎない。男性は自分よりひどく年の若い女性とは結婚しない。ウズベキスタンでは、夫婦間の年齢差は二・七歳である。このような少ない年齢差は、これら諸国を、アラブと否とを問わず、中央部イスラーム圏から明瞭に差異化するものに他ならない。それは妻が「未成年」であることが少なく、ステータスは高く、父系制がそれほど絶対的でないことを想定させる。出生率が三以下に下がることが容易であった理由も、よく分かるのである。この快挙は、夫婦の二五％が男子を持つことを諦めていることを前提とするのであり、それは父系原則の死を承認する態度なのである。このような特徴は、共産主義ならびにその女性解放への意欲と大いに関係があるかどうかは、定かではない。父系氏族制という文脈で、アラブ圏より女性のステータスが高いことは、ステップのすべてのトルコ・モンゴル系遊牧民集団に典型的な特徴である。因に、ロシア農民も共産主義以前から、女性に異常なまでに高いステータスを確保する父系システムと、平均でゼロになるような夫婦間の年齢差を特徴としていた。

結婚が早期に行なわれるのであるから、そのまま何もしなければ、出生率は高くなるはずである。出生調節はそれゆえ結婚の枠内でなされなければならない。マホメットは性交中断を容認しており、イスラーム教は避妊を容認しているのだが、旧共産主義圏のイスラーム教徒は、折角のこうした利点を生かさず、あまりこれらの手段を用いることはなく、イスラーム教が否認していた中絶に頼る方が多い。それはソ連時代の遺産なのだ。中央アジアと東ヨーロッパで、近代的な避妊手段へのこうした抵抗が見られるのは、住民の慣行にソ連製品の品質の悪さの記憶がしっかりと刻み込まれていることを暴露している。その品質の悪さは、他の製品にも勝って特に避妊具において著しかったのである。避妊製品の使用は何とか増えているとしても、多くのためらいを伴いながらである。その率は世界最低レベルなのだ。アゼルバイジャンでは、既婚女性の三三%が避妊法を用いている(うち二〇%は、近代的避妊法)。この率は、タジキスタンでは二七%、コソヴォでは九%、ボスニアでは一六%となる。

とりわけ中絶の大衆的利用の習慣は残っている。これは明らかに共産主義時代の遺産に他ならない。スンニ派イスラーム教徒とシーア派イスラーム教徒は、時として教義条項に関する主張が異なることもあるが、中絶を断罪する点では一致している。一九九四年にカイロで開催された人口開発会議において、アズハル・モスク〔エジプト・カイロにあり、世界最古の大学を収容する。その尊師〔イマム〕はスンニ派教理の最高権威と目されている〕の保守スンニ派は、イランの革命的シーア派とともに、出生調節の手段としての中絶を断罪した。(3) しかしコソヴォ以外では、イスラーム教徒は何の屈託もなく、ソ連なりアルバニアなりユーゴスラヴィアの法律を最大限に利用して、望まざる妊娠を処分したのである。中絶は、ソ連邦が文化的に革命的であった間は広範に実践されたが、一九三六年にスターリンによって禁止された。しかし最終的には、一九五五年に再び許可されることになった。脱スターリン化のプロセスの一環をなす自由主義的措置であった。ソ連の人口政策は公式には反マルサス主義であったが、矛盾の一つや二つ気にも留めなかったのである。避妊具の配布が停止になると、中絶が唯一の出生調節手段となった。ソ連時代の終わりに近い一九八八年に、中絶の規則はさらに自由化された（妊娠二八週への拡大、単身生活、離婚、子供多数、もしくは強姦の場合に、認可される）。中央アジアとイスラーム系カフカスは、すでに一つの伝統となったものを相続したわけである。旧ユーゴスラヴィアでは、一九七七年に非常に大幅な中絶の自由化が実現したが、それは独立したボスニアでも、コソヴォでも見直されることはなかった。親中国で人口増加論の、峻厳なアルバニアでさえも、中絶の禁止は事実上うやむやにされていた。中絶は貧しい者たちの避妊具だったのである。ピルと子宮内避妊器具は、西側からの輸入品で、共産党の上層幹部（ノメンクラトゥーラ）の専用となっていた。その後、アルバニアの法律全体が見直され、中絶は家族計画の標準的方法となったのである。

合法的にせよ違法にせよ、中絶を言明するのは常に憚られることであるから、数値は不完全であるが、最高値に達している。ウズベキスタンでは、出生する子供二・四に対して、胎児一が中絶されている。タジキスタン、トルクメニスタン、キルギスタン、アルバニアでも同様である。カザフスタンでは、同率に近付いている。すなわち、出生児一・九に対して、中絶胎児一・四。「水子」の記録保持者は、シーア派のアゼルバイジャンで、女性一人当り年間中絶件数は、出生数の二倍に達する。すなわち、一・七に対するに三・二。コソヴォは、中絶の数が微々たるもので、これについては例外をなしている。

そして幼児死亡率

ウィキペディア百科は、世界二二六カ国を幼児死亡率で分類している。数値は、模範的に正確とまでは行かないが、ともかくＣＩＡのサイトから引いたものではある。生存出生一〇〇〇人に対して、生後一年の間に死亡した者の率が、その最悪（アンゴラ、一八七）

表7　2005年における幼児死亡率（千人当り）

タジキスタン	76	エジプト	33
トルクメニスタン	76	アルジェリア	32
イエーメン	75	アルバニア	24
アゼルバイジャン	74	ヨルダン	24
カザフスタン	60	サウディアラビア	23
ウズベキスタン	59	チュニジア	20
キルギスタン	53	シリア	18
コソヴォ	44	ボスニア	10
モロッコ	40		

（情報源）世界出生率調査（WFS）、人口・保健調査（DHS）、児童発達のためのアラブ・プロジェクト（PAPCHILD）、汎アラブ家族保健プロジェクト（PAPFAM）、湾岸調査（Gulf Servey）の国別データ、戸籍および人口調査で記録された出生による計算。

から最良（スウェーデン、二・八）まで並んでいる。中央アジアと南東ヨーロッパの旧共産主義イスラーム諸国は、最悪の部類に入る。タジキスタンはソマリアとマリの間に来るし、アゼルバイジャンはラオスとベナンの間、トルクメニスタンはハイチとガンビアの間、ウズベキスタンはパキスタンとカンボジアの間に入る。コソヴォはモロッコとカポヴェルデのすぐ隣である。アルバニアは、ベネズエラとソロモン諸島の間で、何とか体面を保っている。ボスニアのみは、旧共産主義イスラーム諸国の中で唯一、ヨーロッパ並みの統計上の外観を見せている。

イスラーム圏中央アジアの幼児死亡率は、経済的・社会的・文化的指標に対して完全に位相がずれている。人口・健康調査（Demographic and Health

Surveys）型の最近の調査が提示する数値の方が、しばしば欠落のあるソ連時代から受け継いだ戸籍から得られる数値より信頼がおけるのであるが、それによると、死亡率低下の全世界的普遍法則に逆らって、幼児死亡率は現在増加しているのである。アゼルバイジャンでは幼児死亡率は、一九八九年に八六‰であったのが、最初は一九九四年に七四‰と低下し、一九九九年には八一‰と再び上昇している。二〇〇五年になっても、相変わらず七四‰である。同じシーア派の隣国イランは、同じ年に三一‰なのである。二〇〇五年に、中央アジアでの率は、キルギスタンで五三‰、トルクメニスタンで七六‰となっている。アラブ諸国と比較してみると、嘆かわしい結果が出る。中央アジアは、ほぼイエーメンと同じレベルなのだ。マグレブの率は、二〇‰から四〇‰の間、アラブ圏中央部は一八‰から二四‰の間に収まっているのである。

幼児死亡率は、一般に住民の教育水準に非常に依存するものである。旧ソ連諸共和国は、文化水準が高いのに、生後一年以内の死亡率の高さが存続することを妨げることがなかったのだから、どうやらこの法則から解放されてしまったようである。これら諸国は高い文化水準を利用して、かなり低い出生率を維持することが完全にできたのであるから、幼児死亡率の高さの条件たる保健衛生の成績の悪さは、何らかの意味を持つ無頓着の結果としか考えられない。このような乳幼児の死亡は、とりわけ中絶という手段でなされている出生調節への補完であると考えるべきではないだろうか。このような解釈を提出したからといって、本書の著者たちは、中絶それ自体に敵対的であるとか、この件についてのヴァチカンの教条的にして非現実的な態度に賛同しているなどと、誤解されては困る。われわれはここで、政治的に暴力的な社会が作り出した「ソヴィエト流の」中絶の起こり得る帰結の一つを示唆しているのである。その暴力性は、人口動態の面でも他の面でも、とりわけ人間の身体の無造作な扱い方というものによって表現されたわけである。中央アジアの幼児死亡率の数値は、この地ではソヴィエトの伝統の方が、スンニ派であれシーア派であれ、イスラーム教よりも強いということを、明らかに示しているのである。

バルカンにおけるムスリムの多様化

バルカン半島のイスラーム化された住民——ボスニアのムスリム、コソヴォのアルバニア人、アルバニアのアルバニア人——の互いに異なる人口学的行動を検討するのは、何らかのイスラーム教の特殊性に社会的行動の起源を探し求めようとする者にとっては辛い営

表8　旧ユーゴスラヴィアにおけるボスニア・ムスリム、アルバニア人、スラブ系非ムスリムの出生率

年	1932	1953	1961	1971	1981	2002
ムスリム	5.47	6.68	5.68	3.10	2.60	1.23
アルバニア人		6.33	7.71	7.03	5.45	3.00
スラブ系非ムスリム	4.23	3.88	2.14	1.89	1.66	1.23

（情報源）1932年から1981年までについては、国勢調査、アンケート調査、旧ユーゴスラヴィアの戸籍（2002年）での出生。ボスニア、コソヴォ、セルビア・モンテネグロ、クロアチア、マケドニア、スロヴェニアの国別データ。

みである。イスラーム教はたしかに、これらすべてのケースにおいて、アイデンティティの標識にはなっている。イスラーム教は民族集団を定義する要件になっており、ボスニア人の場合は、言語によっては定義されず、ひたすらイスラーム教という宗教のみによって定義されるのであるから。しかしこうした民族の標識としての貢献以外に、イスラーム教はあまり効果を発揮していないようであり、教育的・言語的変数や、社会全体の中で多数派なのか少数派なのかという当該集団の位置だけで、あらゆることを解釈することができるのである。バルカン半島には特殊イスラーム的な人口学的行動は存在しないと言えるのは、そのような理由からである。出生率一・二三のボスニア人は、南ヨーロッパの他の民族と同様であり、女性一人当り子供二のアルバニア人は、フランス人に近い。逆にコソヴォのアルバニア人、つまりはコソヴォ人は、彼らが今日でもなお留まっている、女性一人当り子供三のラインに突き当たって動きがとれないようである。

ボスニアのムスリムは[4]、イスラームに改宗したスラヴ人であるが、一九九二年の戦争以前には、イスラーム圏の中では異端的との評判が高かった。宗教実践をあまりせず、豪勢な食事、豚肉製品、六五度のアルコール、ミニスカートの女性などに目がない、というわけである。ラマダンや、日に五回の祈り、メッカ巡礼は、彼らの間ではあまり重んじられていなかった。戦争は社会の中へのイスラーム教の復帰を促した、と言われる。ヴェールの着用や髭を蓄える風が、指摘される。アリア・イゼトベゴヴィッチのような、サウディアラビアに資金的に従属しているイスラーム主義者の政権への到来を強調する者もいる。しかし人口動態データからは、そうしたことはいささかも読みとれない。逆に出生率は、ボスニアのムスリムと正教徒もしくはカトリックのスラヴ人――セルビア人、クロアチア人、マケドニア人、モンテネグロ人――との間の強い収斂を示しているのである[5]。ボスニアのムスリムは、民族・宗教紛争が勃発する前には、正教徒やカトリックより高い出生率を有していた。このような出生率の差が、異なる住民集団間の相対的人口格差に変動をもたらすことになり、この現象が、レバノンにおけるように、内戦の勃発の一つのきっかけとなったのである。また同様に、出生率の最終的低下が原因となって引き起こされた文化的危機が、レバノンにおけるように、住民集団のイデオロギー的当惑と暴力の伸張に貢献したのも確かである。しかし現在、出生率は収斂しつつある。これはやはりレバノンにおけるように、民族的・宗教的緊張が平穏化した地域社会が出現する可能性を示唆するものである。

コソヴォは、一九九九年の戦争終結以来、宗教的な要素の特段の復帰を見たとは考えられない。[6]このように宗教的なものが不在であっても、人口動態面での他と異なる行動は、依然として維持されている。このようにコソヴォ人の人口動態が他と異なることは、セルビア人に対しても、アルバニアのアルバニア人に対しても、周縁的な少数派であるというそのステータスだけで、十分説明がつく。

コソヴォでは人口動態は歴史と切り離すことができない。一八七〇年に最初の国勢調査[7]が行なわれた時、ムスリム（アルバニア人に加えて、多少のトルコ人とジプシー）は人口の六〇％を占めていたに過ぎず、正教のセルビア人が四〇％を占めていた。一三〇年後の一九九九年には、セルビア人は一〇％に過ぎなくなり、アルバニア人が九〇％になっていた。アルバニア人の漸進は完璧に規則的であったわけではない。セルビア人は時として、政治的な手段で優位を取り戻そうと試みた。第一次世界大戦の間、[8]そして両大戦間時代に、セルビア人はコソヴォに植民して、その民族構成を逆転させようとした。[9] 一九四五年から一九六四年までの間、チトーは彼の大臣マルコ・ランコヴィッチが行なった反アルバニア人闘争を放任した。ランコヴィッチは、そのために多数のアルバニア人を「トルコ人」に仕立て上げて、トルコへと追いやった。一九九九年に、コソヴォ戦争の間、七〇万人のアルバニア人が脱出し、これによってコソヴォにおけるアルバニア人の存在は長期的に弱体化するはずだった。しかしＮＡＴＯの介入によって、逆の形で決着がつくことになったのである。いまや消え去る運命にあるのは、セルビア人の方である。

うまく行っても敵対的で、まずくするとこちらを根こそぎにしてしまおうとする周りの勢力の繰り返し襲って来る脅威に対抗するための、アルバニア人の抵抗——平和的な——の最前線は、高い出生率だった。数多く子供をつくろうとするこの性向は、敵対者たちも見逃さなかった。すでに一七六〇年に、スコピエ〔現マケドニア主都〕の総大主教マザレクは、アルバニア人について次のように述べている。「最も急速に繁殖する人種。一つの家族が、数年のうちに百もの家族を作り出す。」それから二世紀後、セルビア軍司令官アルカンは、このような非難を受け継いで、「兎のように繁殖するムスリムのアルバニア人に負けないよう」子供を四人持つようセルビア人に説き勧めた。当時の支配的な人口学的分析は、アルバニア人、アジア人、トルコ人、ムスリムが異質のものであることを強調していた。[10]スラヴの身体に移植された異質物、ヨーロッパの土地に突発した常軌を逸した人口現象、というわけだ。「アフリカ流の出生率では、ヨーロッパ並みの生活水準はあり得ない。[11]」ユーゴスラヴィアの人口学者で、国連人口局局長のミロス・マクラは、このような時代離れした出生率を、家父長制家族の存続によって説明していた。社会的環境の圧力が、早く結婚し沢山の子供を作るよう、若者を追い立てるのだが、そういったことすべてが、高位聖職者の指導の下に行なわれる、というのである。実際、コソヴォのアルバニア人の出生率はかつて高く（一九六一年に、女性一人当り子供六・五。これに対してセルビア人では三・四であった）、今日でも依然として高い（一九九九年の戦争以前に、子供三・四〇。セルビア人では一・四八[12]）。

最近の数値は、人口学的移行が凝固していることを示唆している。二〇〇三年にアルバニア系コソヴォ人については、女性一人当り子供三・〇であり、[13]西欧の平均の二倍となっている。

高い農村率（六五％）や分散した農業人口が、高い出生率の原因となっている。さらに幼児死亡率も高く、四四‰に上る。要するにこの国はヨーロッパで最も貧しい国で、五〇

%の世帯は貧困ライン以下で生活しているのである。個人消費が二〇〇三・二〇〇四年度に落ちたことを考えるなら、この状況は今後ますます悪化して行くだろう。女子は修学年限以前に学校を離れる。文盲率も依然として高く、とりわけ女性において高い。

しかし低開発だけが問題なのではない。コソヴォ人の二重に少数派という立場も、一定の役割を果たしている。それについてもセルビア人だけが唯一の問題というわけではない。社会主義者で無神論者で近代主義者のアルバニア人に対しても、しかもとくに女性の条件に関して、コソヴォ人は差異を示す必要があった。こうした包囲されて籠城する者のような精神は消えていない。アルバニア人が居住する異なるいくつかの国で達成した出生率を比較してみるなら、彼らが女性一人当り子供三を越えることがないのは、彼らが少数派であるところにおいてであることが明らかになる。すなわちコソヴォ、マケドニアにおいて（おそらくはセルビア、モンテネグロ、ギリシャにおける旧オスマン帝国の地区《サンジャク》でも）である。彼らが多数派で安全なアルバニアでは、出生率は二〇〇五年において子供二・〇にまで減少した（一九五八年には六・〇であったが）。

ヨーロッパのイスラーム教徒の中でコソヴォ人は最も宗教的でなく、自分たちのイスラーム信仰を話に持ち出さない者たちである。また文化的・人口学的指標から見ると、最も保守的である。イスラーム教の人口学的特殊性について思弁しようとする者にとっては、じっくりと考えるべき逆説がそこにはある。

第八章

妻方居住のアジア

国によっては人口学的移行の速度をゆるめるものもあるが、こうした減速現象はわれわれを複雑な問題、言わば形而上学的な問題に直面させる。すなわち、移行が完了したときに到達している必要がある出生率の理想的水準とは、女性一人当り子供二なのか、一・五なのか、一か、〇・五か、〇か、という問題である。この最後の数値は、一世代で住民がすべて消滅してしまうことを示唆しているが、このような馬鹿げた数列をわざわざ並べてみたのは、韓国、日本、ロシア、イタリア、ドイツで到達された、極めて低い出生率はいささかも、人口学的移行の目標として合理的で妥当なものと考えることはできないということを、良く理解して貰いたいからである。世界のかなり大きな部分において、移行は最後には危険な不均衡を招来するに至っており、移行後の多くの国は従うべきではない実例と見なされて然るべきかもしれない。しかしこのような意見を表明するとなると、われわれは価値観という不確かで危険な領域に踏み込むことになる。もちろん神が送り込んで下さるだけの数の子供を持つよう信者たちに要求する宗教システムよりは節度を持って、ではあるけれども。差し当たり単純な解決とは、世代交代最低水準を到達すべき目標とする、ということであろう。つまり死亡率が微少であるという条件において、二をほんの少し上回る出生率である。しかしそれは、年齢構造の効果を消去した上で、最適とみなされる停止状態に達することを目指す社会というプラトンの夢を、妥当とすることになるだろう。第二次世界大戦後のフランスは、ドイツに占領されるという屈辱を噛み締め、ドイツへの敗北は一九〇〇年から一九三〇年の人口当り出生率の低さと何らかの関係があると考えていたが、そうした一九五〇年代のフランスで、一〇年間で出生率の指数が二・六に再上昇したのは、幸運であり、社会の生き残りの意志の現れと考えられた。

人口学は、いくら数学的用具を用いるといっても、己の二重の主題とは生と死であり、従って宗教の主題でもあるということを、そうした用具の陰に隠すことはできない。インドネシアならびに東南アジアの多くの国々では、出生率は著しく低下したが、再生産ラインの下にまで落ちて行くようには見えない。これら諸国のこうした最近の変遷は、生と死をめぐる問いを避けて通ることを許さないのである。さらに言うなら、この地域は、イスラーム教は本性そのものからして反女権的であるというお定まりの考え方が解体され、崩壊してしまう、われわれにとって全く新しい領域なのである。インドネシアとマレーシアの出生率は、イスラームの特殊性などという既成概念に頼っては説明できないし、とりわけイスラーム教によって女性のステータスが低められたという概念では説明できない。

先に見た通り、イスラーム国のインドネシアとマレーシアの家族構造は、アラブと否とを問わず中東全域の標準で、実際に支配的であるとしばしば考えられる、父系、夫方居住、家父長制モデルから大幅に逸脱している。これら極東の諸国は、イスラーム化されたのが遅く、また平和的にイスラーム化がなされたわけであるが、そこでは妻の家族が社会生活の中で優越する。それはジャヴァ島や、マレーシアや、スマトラ島の南部では非公式な形をとるが、スマトラ島の北部では、明示的に母系のシステムさえ見られるのである。マレーシアには、父系性の強い家族システムを採用する中国人系少数派と、多くはインド亜大陸の南東部から渡来した、穏やかな父系のインド系少数派が存在することも指摘しておこう。

インドネシアやマレーシアのイスラーム教徒女性のステータスは、したがって良好である。女子の誕生は価値あるものとされる。インド式ないし中国式の女性胎児の清算は、知られていない（インドネシアとマレーシアでは、男子誕生率は、女子一〇〇に対して男子一〇五で、正常な比率である）。公然にせよ秘匿にせよ、嬰児殺しは知られておらず、女子の死亡数の方が男子のそれより少ない。これは人口学的に正常な現象である。女性の就学は十全であり、男性のそれを上回りさえする。雇用の女性化率は高い（例えばインドネシアでは三八％に達する）。工業と商業の付加価値の高いセクターでの女性の雇用は、加速化している。

正常な移行、停止す

東アジアのイスラーム国は、サイズにおいて不均等である。人口二億二八〇〇万人のインドネシアは、巨人であり、イスラーム諸国中最大の国である。人口三九万人のブルネイは、人口三四万六〇〇〇人のモルディヴと同様、微小な国である。人口二六〇〇万人のマレーシアは、アジアでは二流国だが、モロッコやアルジェリアとほぼ人口が等しい。

教育、人口動態、経済の面におけるこれら諸国の相対的前進からすると、統計もほぼ完璧なものが得られたはずだが、全くそうではないのだ。当該国の資料にせよ、国際的調査機関のものにせよ、ソースによって腹立たしいほどの違いがある。そうなると先入見の問題が出て来るのである。出生率と死亡率がより低く推算されると、アングロサクソン的マルサス主義の伝統が国際的規模で支配している現在のイデオロギー的文脈の中では、国のイメージは上がる。インドネシアの場合は、国連人口局が発表した子供二・二八という指数は、移行がほぼ完了したことを示唆しているが、アメリカ合衆国の人口資料局による子供二・六〇という指数は、相対的足踏みを想定させる。アンケート調査（DHS〔人口健康調査〕）からの外挿に基づいて我々が行なった推算は、二・四八という中間的レベルを示唆している。事は純然たる学術的問題ではない。どの指数を取り上げるかによって、四〇万件の出生が加えられたり引かれたりしてしまうのだ。それが複利計算のおそるべき法則に支配されることを考えるなら、このような推算のうちどれを選ぶかによって、二〇年後の人口はどうなるかについて大幅に異なる推算が出て来ることになりかねないのである。いずれにせよ、狭い国土の上にはるかに多くの人口を抱えることにはなるのだが。

マレーシアの場合は、相違はさらに驚くべきものとなる。その最近の出生率は二・六から三・三にまで変動するからである。極小国に目を移すと、ブルネイの状況は、子供二・三から二・六の間ということだから、ほぼ明快と言える。モルディヴの場合は、ソースによって数値は二・七から五・〇まで変動するという、『千夜一夜物語』並のファンタスチックな統計世界に入り込むことになる。

文化的発展という点では、インドネシアは、全世界的には中心を外れた位置にあるにもかかわらず、イスラーム諸国の中では最先進国の一つであり、トルコとヨルダンの間に来る。識字化五〇％のハードルの乗り越えは、男性については一九三八年、女性については一九六二年に遡る。この好成績は、女性のステータスが高いことに多くを負っているに違いない。人口学的移行の開始は正統モデルに合致している。それが始まったのは一九七〇年、すなわち、二〇歳から二四歳の女性の過半数の識字化の八年後だからである。マレーシアは識字化についてはやや遅れている。決定的ハードルが越えられたのは、男性についてはようやく一九五八年のことで、女性については一九七二年、つまり男女の間の隔たりは、一四年という短さなのである。出生率は早くも一九六五年、つまり女性が識字化五〇％のハードルに達するよりも前に低下し始めるのだから、ここには加速化原則が存在すると考えられるという気にもなるのだが、これほど短い間隔というのは、必ずしも有意的とは考えることができない。やはり女性の教育水準と出生率の低下を結合する標準的移行であると言うべきであろう。

その後の歴史は、より込み入っている。イスラーム教東南アジアでは、人口学的移行が休止を見せたようなのである。出生率の底が存在するかもしれないのだが、経済も、教育水準も、公衆衛生の状態も、それを説明することができない。そのような限界は、インドネシアにおいては二・五に近く、マレーシアにおいては三に近いところに想定されるが、父系原則による抵抗がそれの原因であるとすることは全く不可能である。父系原則はこれらの地域には不在なのだから。マレーシアでは出生率は子供三より上に留まっている。ところが就学は全国民に普遍的に行き渡り、一人当り国内総生産は一万ドルを越え、人口の三分の二は都市化され、幼児死亡率は一〇‰を切って、ヨーロッパの水準に近いのである。

今日のインドネシアは、マルサス主義人口学者を落胆させたかもしれない。一九九七年に、本書の著者の一人〔クルバージュ〕は、ある年鑑で自分が担当した章に次のようなタイトルを付けた。すなわち「インドネシア――最大のイスラーム国で人口学的移行はほとんど完了[1]」。それから五年後の二〇〇二年、タイトルはこれほど決定的なものではなくなった。すなわち「インドネシア――最大のイスラーム国での移行[2]」。いまや移行の減速は疑いの余地がなくなった。一九九一年には子供三、一九九四年には二・九、一九九七年には二・八、二〇〇三年には二・六、そして今日は二・五。確かに低下は続いている。しかしそれは、革新的行動の普及によるというよりは、不可避的な構造の修正から来る自動的な低下に過ぎない。したがって教育のある女性の出生率はもはや減少を止め、子供二・五で安定化しているのである。

アメリカの家族計画といわゆる「ファミリー・プランニング」の寵児、人口問題での世界銀行とＩＭＦの優等生たる、マルサス主義者から祝福されたこの国が、だれもが次なる日本（女性一人当り子供一・三）、次の韓国、台湾を期待していたところで停止してしまったのは何故なのか？　現象は何とも気がかりである。女性のステータスもさることながら、インドネシアには極めて低い出生率にまで行き着くあらゆる理由があったからである。人口密度は高い（ジャヴァ島とバリ島では、八五〇人に達する）。これはこれだけで抑制への動機となる。移行以前の状況において、すでに出生率はそれほど高くなかった。五・六七で、シリア、イエーメン、アルジェリアに見られた子供八からはほど遠い。出生率抑制の意志は、当初から明らかだった。インドネシア人は、幼児死亡率の低下を待つことさえなく、出生調節を採用したのである。

出生率抑制の技法は、たしかに独特であった。早期の結婚——女性の平均結婚年齢は一九・二歳で、最後まで独身の者は二％以下——を行なっているのに、多すぎる数の子供を生産するということにならなかったのは、その代りに母乳による授乳期間が長かったからである。母親の懐での授乳の期間を延ばすというこの手は、出生数を減少させるための、人類がこれまでに知った最も古い秘訣の一つに他ならない。インドネシアでは、授乳は二年近く（二二・三カ月）続く。このような自然な調節技法が存在したからと言って、避妊の近代的手段の頻繁な採用が妨げられることはなかった（結婚した女性の六〇・三％）。インドネシアとマレーシアにおいて出生率の抑止もしくは停止が起こり得るなどという前兆は、何一つなかったのである。

インドネシア人は特殊な行動様式を持っている。いかなる素性の者、いかなる年齢、いかなる社会階層、いかなる教育水準の者でも、裕福なアジアの隣人たちのような骨と皮ばかりの家族を望まない。子供三が望ましい――その結果、実現するのが二以上ということになる――というのが、幸せの秘訣と考えられる理想の数値であり続けているのである。(3)

イスラーム教が問題なのだろうか？　イスラーム教はインドネシアにおいて相変わらず、過去数世紀にわたってそうであったように、平和的で諸教混淆的な宗教であり続けているだろうか？　宗教に関する寛容は、旅行者を引きつけるためのスローガン以上のものであったし、今でもあり続けている。世界の他の地域の信者と同様に、インドネシアの信者は、日々の祈り、ラマダンの断食、メッカへの巡礼、喜捨（ザカート）などの良きイスラーム教徒としての典礼を、ただし過度の熱誠はなしに実践している。

ところが一九七九年にイランにイスラーム共和国が誕生してから、インドネシアはイスラーム圏中央部により近くなり、より近いと感じるようになっている。いずれにせよスカルノ時代に較べればその点は明瞭である。一九九〇年から一九九一年にかけての湾岸戦争、二〇〇三年のイラク戦争、二〇〇六年のイスラエルによるレバノン攻撃、これらの事件は強烈な反響を呼び起こした。二〇〇二年以降イスラーム主義者のテロ攻撃は散発的な出来事に留まっているが、国家と市民社会の中でイスラーム教の役割が増大して行くと考えても良いのではないか。結婚や離婚や遺産相続にシャリア〔イスラーム法〕を適用する可能性だとか、公立校でのヴェール着用の許可のような、昔は不人気だった措置も発布することができるようになった。イスラーム同胞団に由来する結社、ムハマディアは、三〇〇〇万人の会員を集めているが、彼らは国をイスラーム教化し、あまりにも非宗教的と判断される国法を見直そうとの意志を隠さない。ボルネオ、イリヤン・ジャヤ、モルッカ諸島、アチェで周期的に起こる宗教紛争は、ナイル川峡谷を悲しみに沈めたイスラーム教徒とキリスト教徒の小競り合いを思い起こさせる。九〇％がキリスト教徒の東チモール住民に仕掛けられた戦争は、かつての宗教戦争を思い起こさせるのである。

とはいえイスラーム教はすべての問題の鍵と言うわけではない。イスラーム教徒が九〇％のインドネシア諸島と、九〇％がキリスト教徒のフィリピン諸島を較べてみるだけで良い。フィリピンの出生率（女性一人当り子供三・四）は、インドネシアのそれを、子供一だけ、つまり三分の一以上凌駕している。出生率指数とイスラーム教徒の比率との間の地理的相関係数は、インドネシアではマイナスとなる（マイナス〇・四）。イスラーム教徒の率が少ない島――チモール、イリヤン・ジャヤ、スラウェシ、カリマンタン、モルッカ諸島――では出生率は、ジャヴァやスマトラのようなイスラーム教徒の多い島よりもはるかに高い（図7参照）。

いくつかの過剰出生率のケースは、宗教よりも地域的特殊事情で説明がつく。そうした特殊事情には、人口と政治の上での多数派と少数派の間の公然ないし潜在的怨恨が隠されているのである。ジャヴァ（人口一億三八〇〇万人）は、スマトラ（四九〇〇万人）を大幅に圧倒している。ジャヴァに較べて面積は広いが、人口密度は低いスマトラは、出生率は高い。女性一人当り子供二・九五で、これに対してジャヴァでは、二・三五である。しかしあらゆる指標――生活水準、教育、女性のステータス、幼児死亡率――から見ても、事態は逆であってもおかしくなかっただろう。この違いは宗教的なものではない。スマトラのバタク人はプロテスタントで、ジャヴァ在住のバリ人はヒンズー教徒だが、この二件を除いて、この二島の住民はみなイスラーム教徒だからである。

それはまた人類学的なものでもない。妻方居住のインドネシア全域での率は、母系制の

図7　インドネシア各州の出生率（2002–2003年）
（非イスラーム教徒の分布との関係）
（▩は非イスラーム教徒人口の多い州）

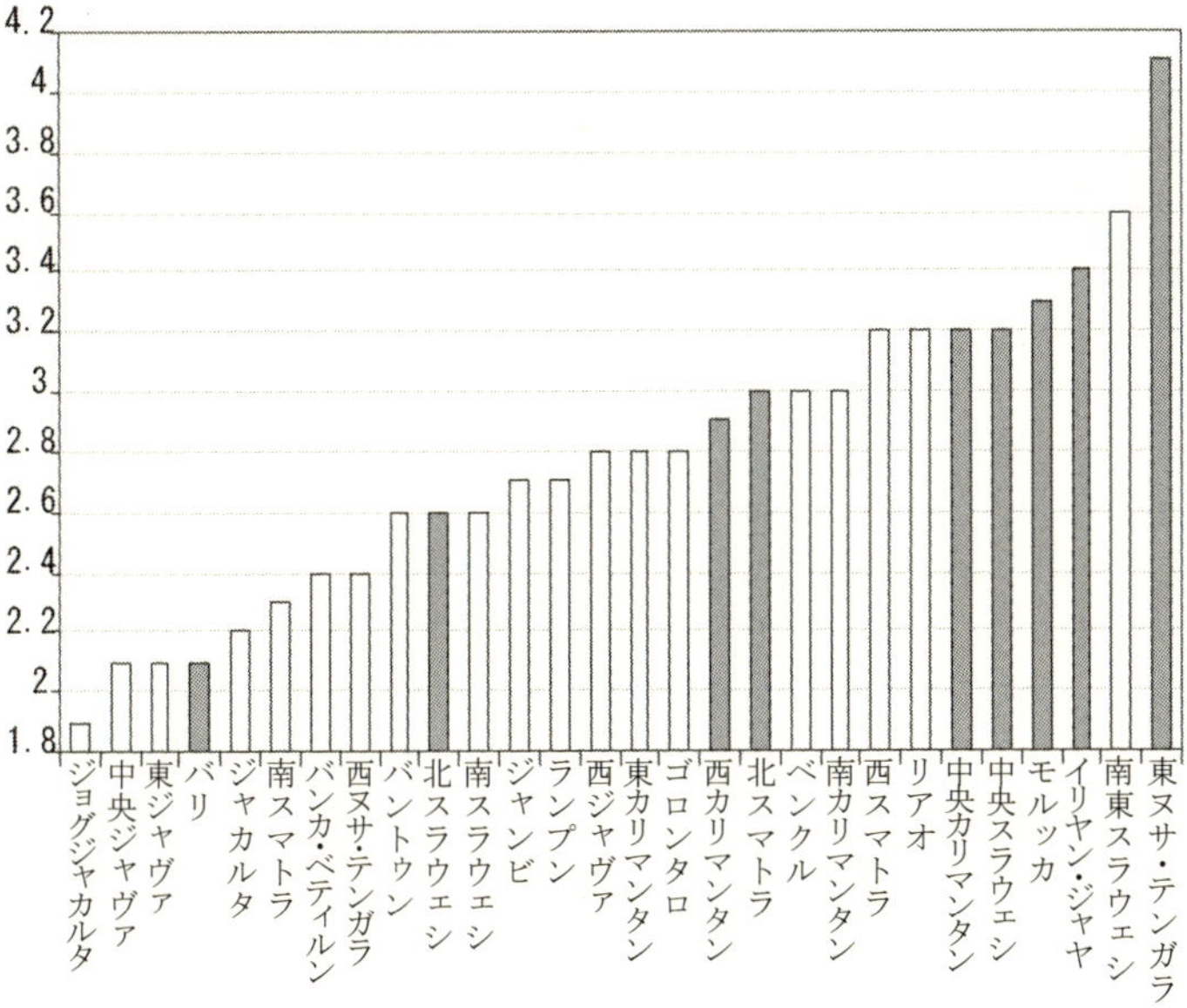

（情報源）Badan Pusak Statistik, Indonesia, demographic and health survey, 2002-2003, ORC, Macro, Calverston USA, 2003.

ミナンカバウ人の住む西スマトラ州と父系制のバリ島を除けば、ほぼ同じだからである。ミナンカバウ人は、周りの住民集団より明らかによりイスラーム的であり、やや子供の数が多い。しかしインドネシア全体の規模からすれば少数派であり、その信仰の強さは、出生率の高さと同様に、大幅にアイデンティティの標識となっている。

　スマトラはこの一〇〇

年来過剰な人口を移転させるはけ口となって来た。これは植民地時代にオランダ人が始めたシステムだが、独立後もジャヴァ人が支配する政体によって相変わらず用いられた。インドネシア国内の移住者の三分の二はスマトラに渡って定住するわけである。このような移住者流入の脅威に対して、スマトラの住民はおそらくより高い出生率で対抗しようとしたのであろう。隣のマレーシアでもやはり、望ましくない移住者の流入に対抗するために、出生率が動員されたと考えられる。

マレーシア――イスラーム教よりはナショナリズム

マレーシアでは、イスラーム教の装いの下でナショナリズムと出生率が相互作用を行なっている。一九世紀半ば、この国の住民は五〇万人ほどのマレー人（九五％）と、ほんの一握りの中国人とインド人（五％）からなっていた。人口密度の低さと、ゴムと錫が引き起こした経済の活況によって、一九世紀末に紛れもない「ゴールドラッシュ」が起こった。マレーシアを領有していたイギリス人は、分割統治を行なう狡智に長けた植民地経営者として、賃銀の圧縮を図る有能な資本家として、この動きを奨励した。その結果マレー

図8　マレーシアにおける民族／宗教別の出生率

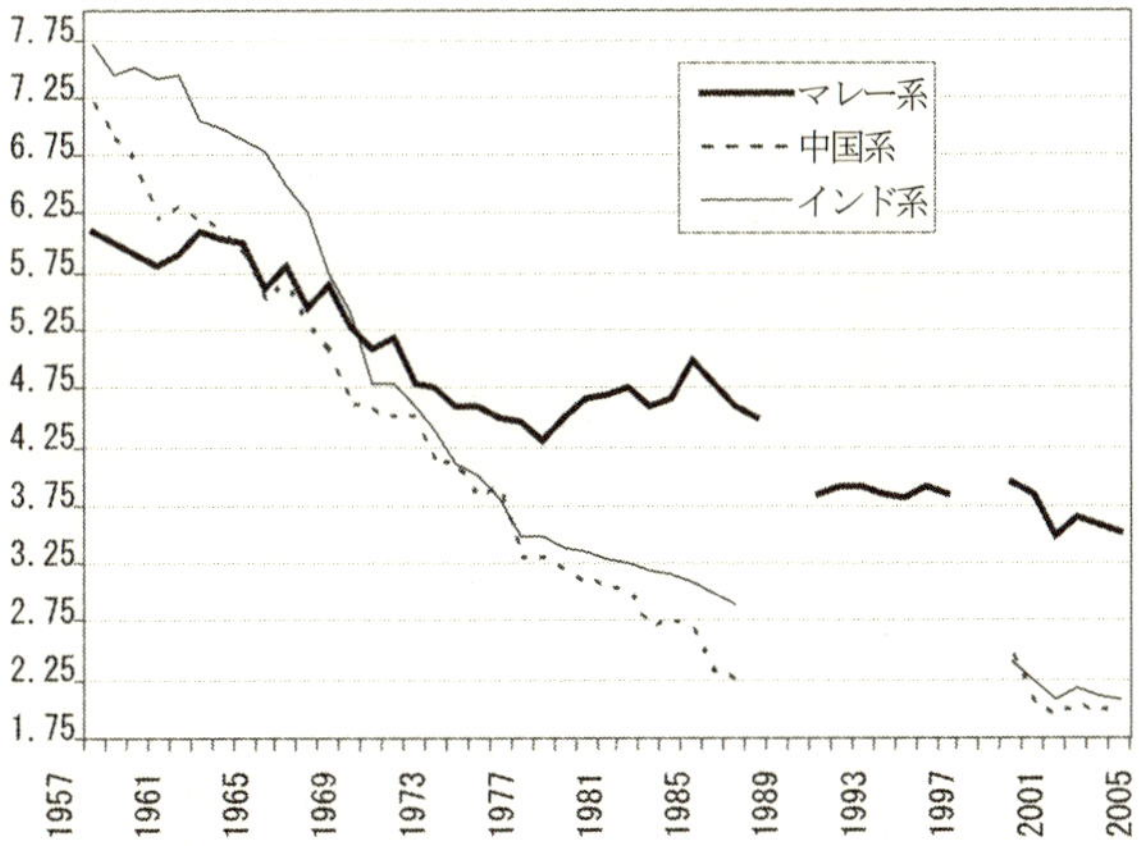

(注) 縦座標は、女性1人当り子供数での出生率指数。
(情報源) Badan Pusak Statistik, Indonesia, demographic and health survey, 2002-2003, ORC, Macro, Calverston USA, 2003.

人は一九一四年には、人口の五七％しか数えない弱体な多数派となった。対するに中国人は二九％、インド人は一〇％だった。下落はさらに続いた。一九五七年の独立の際、絶対多数は失われていた。マレー人は人口の四九・八％にしかならなかったのである。

この傾向を逆転させるために、新政権はまず手始めに、民族を主成分とするナショナリズム・イデオロギーを作り上げた。ブミプトラー（大地の子）と称するこのイデオロギー〔マレー人優先〕は、早くも一九六九年に暴動を引き起こすきっかけとなる。北アイルランドのプロテスタント派の行進をもっと暴力的にしたような、中国人のパレードが行なわれ、これに対抗して直ちにマレー人のパレードが行なわれた。宗教としてのイスラーム教も援用され、イスラーム教説教師がミナレット〔モスクの外郭の尖塔〕の上から演説をした。

これに続いて新経済政策が実施された。これは一種のプラス方向での差別政策で、当初は公共部門でも私企業でも数が少なかったマレー人を、雇用割当制度によって優遇しようとするものであった。政府関係の入札には、マレー人企業を優遇する「ナショナル」な優先政策が創設された。奨学金はマレー人学生に振り向けられた（九六％まで）。マレー語が唯一の教育語となった。人口動態は間もなく、これらの政治的・経済的・文化的改革の総体に追随することになる。

マレー人のイスラーム教は、ジャヴァやスマトラのそれと同様、伝統的に微温的で諸教混淆的なものであったが、急進化し、排外的なナショナリズムの先鋒に変貌させられた。アイルランドのことを思わずにはいられない。アイルランドのカトリック教は、プロテスタントのイングランド人・スコットランド人の侵入がなかったなら、あれほどに強烈なものになったであろうか。宗教はその本性からして、神との関係であると同時に集団的信念であるが故に、イデオロギーの道具としての利用に対して効果的な適性を有する。集団に貼られた宗教的レッテルは、現実には、形而上学的信仰が消えたのちにも生き残ることがある。マレーシアに観察されるのは、イスラーム教の政治的道具としての利用の最も成功した例の一つである。「マレー人」という属性は、いまや「イスラーム教徒」の同義語となった（オスマン帝国では、トルコ人でありながらキリスト教徒やユダヤ教徒である少数派が存在していたにもかかわらず、「トルコ人」と「イスラーム教徒」は等価であったが、それと同様である）。イスラーム教は国教となり、改宗も背教も禁止された。結婚、離婚、一夫多妻、遺産相続といった個人の身分に関しては、シャリアを適用する法廷のみが唯一権限あるものとされるのである。

マレーシアでの「イスラーム優位主義」が主張されるためには、マレー人の数が中国人とインド人の数に勝るという、強固な人口動態的土台が必要であった。民族的人口動態の面においても、マレーシアの政策は比類ない成功であった。マレー人の人口が、インドネシアから同民族のいとこたちが合法・非合法の移民として流入したことで肉付きもたっぷりして来るのと同じ時期に、マレーシア国籍の中国人とインド人は大量に国外へと移住して行った。とはいえ出生率も、移民流入よりはるかに重要な役割を果たしたのである。

前世紀には中国人とインド人は、マレー人より子供の数が多かった（**図8参照**）。その後出生率は減少したが、中国人とインド人における方が減少の速度が速かった。一九六九年頃の民族暴動の時代、隔たりは微小だった。マレー人では女性一人当り子供五・一であるのに対して、インド人では四・八、中国人では四・六だった。新経済政策とイデオロギー生活の民族化の結果、マレー人の出生率は低下を止める。一九七〇年から一九八六年までの間に、しばしば上下を繰り返しながら、結局五・一から四・八に移行したわけだが、この慎ましい移行は安定に似ていた。というのも同じ期間に、中国人の出生率は半減し、インド人のそれも三分の一減少したのであるから。これこそ「数の戦争」ないし「揺りかご戦争」の平和版の見事な実例である。それはパレスチナ、アイルランド、あるいはコソヴォと較べれば、どちらかと言えば平和的に進められたわけである。「二一〇〇年にはマレー人を七〇〇〇万人に」（到達可能な数の二倍）という誇大妄想的な国民的目標も、部分的には効果を発揮した。マレー人の五分の一は、望ましい数以上の子供を作り始めたのである。一九八六年から出生率の低下はゆっくりとしたものとなり（平均年一・三％）、二〇〇五年の時点で女性一人当り子供三・五である。これに対して、中国人の出生率は一・九五で、再生産ラインを下回り、インド人のそれは二・〇八で、ちょうど再生産ライン上にある。多くのイスラーム諸国では、一九八五年頃に経済的危機が決定的な影響をもたらして、再生産行動の修正が促されることになったが、それとは反対に、一九九七年のアジア危機といわれる危機は、マレー人の出産奨励気運に水を差すほどの力はなかったわけである。

しかしイスラーム教徒のマレー人の高い出生率は、彼らの内密な熱望の果実でもある。その出生率は上から押し付けられたものではない。最近行なわれたアンケート調査によると、同じ教育・経済水準では、マレー人の方が中国人やインド人より持っている子供が多く（プラス〇・四）、他にも子供が欲しいという者の数は、二倍も多い。マレー人の五五％は避妊に頼ることがないが、中国人とインド人では、そのケースは二一％に留まるのである。(4)

したがってマレー人の高い出生率は、低開発の結果ではない。プラス方向の差別を四〇年間続けた結果、経済的不平等は目立たなくなったばかりか、逆転しさえした。

とはいえイスラーム教徒のマレー人は、高い出生率と適正な女性のステータスという、かなり難しい方程式を解いたようである。チャドール〔体をすっぽり隠すスカーフ〕でないまでも、ヴェール着用の風が広まっているのは事実だ。しかしそれは、このような特殊な出立ちでマレー人としてのアイデンティティを誇示しようとしているのである。マレー女性は、インド女性よりもはるかに大きな運動の自律性を持っており、雇用市場でも相当な役割を演じている。

理論のパラダイムに従えば、マレーシアは人口学的移行を完了するはずだった、ということになる。シンガポールではマレー人はまことに少数で、数の重みにはもはやいかなる政治的意味も持たないが、そのシンガポールのマレー人の出生率は、大いに減少した。二〇〇五年に二・〇七であって、要するに世代交代ライン上にある。(5)

インドネシアとマレーシアのデータの詳細な検討からは、イスラーム教が人口動態の面で特に大きな影響力を発揮するという仮説を有効とする結論は出なかった。逆に、アイデンティティの問題や、地方的、民族・言語的集団同士の対立といったものの方が、出生率を再生産ラインを上回る水準に維持しようとする明白な要因となっている。カトリックのフィリピンとの簡略な対比を行なってみるなら、実は解釈の広大な領野を新たに切り開くことができるのではなかろうか。それは家族システムを分析の中心に据える領野なのである。インドネシア、マレーシア、フィリピンに共通するのは、新婚夫婦が出身家族と同居する「一時的同居」の仕組みである。新婚夫婦は数年間、夫婦のどちらかの両親の許に住む。第一子の誕生までか、あるいは弟か妹が結婚するまでの間である。本章の対象たるイスラーム教地域では、どちらかと言うと妻の家族に身を寄せることになるが、フィリピンの場合は、夫の家族か妻の家族かにはこだわらない。ラテン・アメリカ——メキシコ、ペルー——には、同じような仕組みが見られるが、同居先は夫の家族が選ばれる。出生率が子供二・五前後に維持されることと、この一時的同居の仕組みとの間には、何らかの関係があるのではなかろうか。この仕組みは、決定的な瞬間において若い夫婦に重要な、しかし抑圧的ではない家族からの援助を確保してやることによって、生殖を著しく容易にするのである。ここに挙げたラテン・アメリカの国は、この仮説に背反しない。二〇〇〇年から二〇〇五年までの間、メキシコの出生率は二・四であり、しかも青年女性の過半数の識字化はすでに一九三〇年に実現している。ペルーでは、出生率は二・九で、女性識字化は一九五〇年に遡る。ここで結論を出そうというわけではない。ただ、出生率を二・五前後に維持する問題は、イスラームの問題を大幅にはみ出していることを示唆しようというのである。新婚夫婦の一時的同居というのは、出生率を下から支える仕組みの可能性の一つかもしれない。このような仕組みと言えば、宗教的信仰の摩訶不思議な作用よりは、フランスの出生率を二に維持するのに一役買っている幼稚園の効果の方が、念頭に上るのである。

第九章

サハラ以南のアフリカ

サハラ以南のアフリカは、今日でも出生率がほとんど至る所で依然として高く、人口学的移行が緒に就いたばかりの唯一の大陸である。それは大衆的一夫多妻制の大陸であるが、世上に流布するお定まりの考えとは逆に、この婚姻形態はアフリカの「人口爆発」の原因ではない。高い一夫多妻率が実現するには、夫婦の間の年の開きが大きいことが必要で、それゆえ女性の側は結婚年齢が非常に低くなり、当然、再生産期間も長くなるのは事実である。しかしこれらの若い女性の一部は、性的能力も授精力も衰えて行く老人と結婚するのである。それに一夫多妻家族では、夫婦別居が頻繁であるから、性的関係の頻度を助長することはない。

逆にアフリカには、低い生活水準、不完全な都市化、高い幼児死亡率といった、人口学的低開発の通常の相関要素がすべて見出される。しかし出生率を予言する最良の指標は、いつものことであるがやはり識字化の水準である。これはアフリカでは依然として他の地域より低い。それでも急速に前進してはいるのだが。文字と言うのはアフリカでは古くからの慣行ではない。サハラ砂漠のすぐ南の一帯でコーランのアラブ語が宗教的用途で用いられているのを別にして、この大陸はヨーロッパによる植民地化以前には、いかなる文字システムも持たなかった。遅れを取り戻す動きは完全に正常な速度で進行しているが、識

**表9　サハラ以南のアフリカ諸国における
イスラーム教徒の割合と出生率・幼児死亡率**

%	イスラーム教徒の割合	幼児死亡率	出生率
セネガル	94	61	5.26
マリ	90	113	6.75
ガンビア	90	73	5.10
ギニア	85	91	5.71
ニジェール	80	123	7.55
シエラレオネ	60	163	6.49
チャド	51	102	6.32
ナイジェリア	50	100	5.59
ブルキナ・ファソ	50	91	6.20
ギニア・ビサウ	50	116	7.09

（情報源）表10より。

字化の遅れはまだ埋められていない。この遅れは多少の差はありながら、全体として、イスラーム地域にも非イスラーム地域にも共通である。サハラ以南のイスラーム教は、比較的最近の拡大の結果である。完全にイスラーム教国と考えられる諸国もある（マリ、セネガル、ニジェール、ギニア、ガンビア）が、ナイジェリア、ブルキナ・ファソ、チャド、ギニア・ビサウのように、不安定な均衡を特徴とする国もある。こうした国では、イスラーム教徒の比率は五〇％前後となっている。それはそれとして、本書には登場しないが、その比率が、相変わらず不正確ながら、五〇％からそれほど離れていない、エリトリア、エチオピア、タンザニアのような他の国々は、どう呼んだら良いのであろうか。

識字化のスピードを見れば、アフリカの人口学的移行の遅れをおおむね説明することができる。特にイスラーム地域についてはそうである。セネガルでは、男性の過半数の識字化のハードルが越えられたのは、一九九〇年頃に過ぎず、ブルキナ・ファソでは二〇〇六年頃、マリでは二〇一〇年頃と推定される。これらの国の女性については、ハードルの乗り越えは将来のことであって、セネガルについては二〇一〇年頃、ブルキナ・ファソとマリについては二〇二〇年頃と考えられる。さらに南に下って、ナイジェリアとコート・ディヴォワールという部分的なイスラーム教国では、識字化はより進んでいる。二〇歳から二四歳の男性の識字率は、ナイジェリアとコート・ディヴォワールではすでに一九七〇年には達成され、女性のそれはそれぞれ一九八三年と一九九八年に達成されている。

ナイジェリアの場合は、出生率の低下は一九八三年頃に始まる。これはまさしく女性識字化五〇%のハードルが越えられた年で、ここでは人口学的移行の標準理論が見事に例証されているとすることができる。しかしコート・ディヴォワールやセネガル、ブルキナ・ファソ、マリの場合は、またしても女性識字化を待つことのない出生率低下というものをわれわれとしては突きつけられる。出生率の低下は、二〇歳から二四歳の男性の過半数の識字化と同時か、もしくはまさにその結果として起こっているのである。マリやブルキナ・ファソの場合は、男性の識字化さえも、一九九〇年頃に起こった出生率の低下を説明するのに不十分と考えられる。バングラデシュにおけるように、人口密度の高さを考えるべきなのか、あるいは、移民の往復によってフランスとの間に打ち立てられた絆が自律的な作用を及ぼしたと考えるべきなのだろうか。出生率指数が依然として六を上回っているのであるから、まだ始まったばかりか、始まったかどうかも定かでないこれらの国の移行については、あまり結論を引き出すことはできない。

サハラ以南のアフリカのイスラーム諸国の平均出生率は、女性一人当り子供五・九に達する。その底辺は、セネガルとガンビアの率だが、それでも五を越えている。ニジェールや、マリ、ギニア・ビサウでは、子供七に達するか、それを越えている。説明要因としては、宗教の特殊かつ大量の効果というものは直ちに排除することができる。西、東、中央アフリカの非イスラーム諸国でも、全体として出生率は、女性一人当り子供五・六であり、従って差は子供〇・三に過ぎず、五％程度であるから、あまり有意性のある変動とは言えない。それに、完全なイスラーム教国の大多数が集中しており、実際に出生率がやや高い西アフリカは、イスラーム教到来のはるか以前から父系制の強い地帯であった。女性のステータスは低いが、これもイスラーム教とは無関係な現象であり、この女性のステータスの低さの方が、相対的過剰出生率を説明する要因としては、宗教よりはるかに重要である。

この観点からすると、ブルキナ・ファソのケースは最も典型的である。イスラーム教徒の比率はここでは五〇％にしかならない。しかしすべての西アフリカ諸国の中で、おそらくこの国は、父系制とアフリカ独自の一夫多妻制の震源地に最も近い国である。この国は部分的にしかイスラーム化されていないが、パラメーターの大部分、特に出生率について、この地域の全体からそれほど逸脱していない。

出生率の地域格差——民族と宗教

ナイジェリアとブルキナ・ファソとチャドは、イスラーム教徒が多数派で、少数派としてキリスト教徒と、数はますます少なくなりつつあるが、アニミズムの信者がいる。この三国は、出生率に大きな地域差があり、それゆえこれを検討すれば、父系制の文脈において出生率にイスラーム教が及ぼす効果を測定することが可能になる。

ナイジェリア北部はイスラーム教が大幅に浸透しており、イスラーム主義的でさえある——州によってはシャリアが押し付けられた——が、他の地域より出生率が高い。北東（カヌリ族が支配）では女性一人当り子供七・〇、北西（ハウサ族とプル族〔＝フラニ族〕）では六・七、北部中央の諸民族では五・七である。これらの指数は、南東および南西の子供四・一（南東はヨルバ族とエド族、南西はイボ族とエコイ族）、あるいはとりわけキリスト教徒とブードゥー教的傾向の者たちが住む南部の子供四・六より明らかに高い。いくつかの緻密な研究の結果、ナイジェリアでは、出生率に対してイスラーム教自体の効果が見られることが示されている。プロテスタントとカトリックは、近代的避妊を受入れる傾向が強く、その出生率は、イスラーム教徒よりも、プロテスタントの場合は二〇％、カトリックの場合は三〇％低い。イスラーム教徒はまた、大家族への顕著な選好を有している。[1] しかしナイジェリアにおける出生率に対するこうしたイスラーム教の効果というのは、この国の特殊な文脈に、そして純然たる地方的効果に由来するものではないのだろうか。この国の宗教間の均衡は一時的なものであり、いくつかの点で、先に挙げたレバノンやマレーシアといった国々を連想させる。すでに四〇年以前に遡るとはいえ、民族的・宗教的地方割拠の気運に彩られたビアフラ分離戦争は、一〇〇万人以上の死者を出し、未だに完全に忘れられてはいない。

それに出生率の差の下には、桁外れに大きな識字化の差が隠されている。南部諸州では、二〇歳から二四歳の女性の識字率は、一九九一年においてすでに六〇％から九〇％の間であった。北部では、それは二〇％から四五％の間に分布するのである。南西部のヨルバ族は部分的にイスラーム化されているが、イスラーム教の教育と人口動態へのインパクトは、現実には測定できない。

コート・ディヴォワールでは、民族、地方、宗教、そして出生率が、絡み合っている。その土台には、ウフエ・ボワニの死後に姿を現した、経済とアイデンティティの危機がある。暗に北部のイスラーム教徒を排斥しようとするコート・ディヴォワール性論争が起こったが、これもまた人口動態をめぐる基盤の上に展開したものである。コート・ディヴォワールのイスラーム教徒は、人口の三五％を越え、近隣諸国から来るイスラーム教徒の移民（特にマリンケ人）という増援を受けているが、かれらの出生率は子供六・二で、キリスト教徒の出生率、四・一を五〇％以上も凌駕している（アニミズム信徒は、中間的位置にあり、出生率は子供五・六である）。しかしナイジェリアにおけるのと同様に、出生率の差は識字率の差に立脚している。植民者——フランス人もしくはイギリス人——の言語は、南から到来した。ヨーロッパ文化のインパクトをまるまる伴って。最も高い識字率指数と同時に最も低い出生率指数とが観察されるのは、もちろんその地域である。さらに、詳細に踏み込まないまでも、こう付け加えておこう。すなわち、海岸部の家族システムは、その様式は極めて多様だが、いずれもイスラーム化のはるか以前から女性の高いステータスを保証しているのである。

同じように多宗教・多民族だが、はるかに平和的な国であるブルキナ・ファソは、ナイジェリアやコート・ディヴォワールほどの大きな出生率の地域差は示していない。首都ワガドゥグを除いて、出生率は、グルーウンシ族とモシ族の住む中央南部で最低値（五・四）を示し、プル族の住む北サヘルで最高値（七・七）を示す。アニミズムの信徒と称するのはわずかのブルキナベ族だけ（一五％）であり、大多数はイスラーム教（五六％）かキリスト教（二九％）を選んでいるにもかかわらず、伝統的な宗教は依然として根強い力を持っている。出生率はあまり宗教に左右されない。たしかに北部のプル族の出生率はより高いが、それは彼らの遊牧民ないし半遊牧民的生活様式に由来するのであって、イスラーム教の熱狂的な宣伝者という彼らの過去にあまり由来しない。ブルキナ・ファソは沿海の国ではない。そのためナイジェリアやコート・ディヴォワールのように、南北の軸に沿って発展水準が地域別に層をなして連なるということはない。

最後にチャドだが、この国は、いわばスーダンやモーリタニアの縮小版と言ったところで、トゥブ族やプル族のようなイスラーム教徒の非黒人民族が、北部のサハラ地帯やサヘル地方に居住し、南部にはキリスト教徒かアニミズム信徒の黒人住民がいる。北部は、かつてのスルタン領からなる領主たちの国で、歴史的にダル・エルアビド、すなわち奴隷たちの国と呼ばれる南部を支配して来た。出生率は宗教によって差があるが、ちょうどナイジェリアで観察されるのと正反対に、キリスト教徒とアニミズム信徒の南部人（六・五）の方が、北部のイスラーム教徒（六・一）より多産である。ところが南部はより発展しているので、出生率はもっと低くなくてはならないはずなのだ。例えば女性の文盲率は、すでに南部で高い（六一％）のだが、北部では記録的な高さ（九四％）に達する。男性については、南部で二一％、北部では八四％である。キリスト教徒の過剰出生率に目を向ける必要があり、またこの出生率には、この混合国家の混乱を極めた歴史に由来する政治的成分が含まれるとする仮説を、排除しないようにする必要がある。

ムスリム女子の死亡率の低さ

サハラ以南のアフリカの人口学的災禍とは、その出生率の高さではなく、幼児死亡率とエイズに罹った成人の死亡率の記録的高さである。アフリカの死亡率は、典型を外れた異常なスキームをたどる。たしかに生後一歳以前では、死亡率は高い。しかし一般的標準とは反対に、生後五歳まで高いままである。サハラ以南のアフリカで、一歳から四歳の幼児は、一歳未満の嬰児と同じ数だけ、さらにはそれ以上数多く死亡する。例えばニジェールでは、四〇％も多く死亡するのである。四分の一ないし五分の一の幼児が五歳になる前に死ぬのであり、ある意味では、サハラ以南のアフリカの出生率が高いのは、このような死亡率の効果とバランスを取るために当然のことなのだ。

イスラーム教徒の女子は、男子よりもこのような状況の犠牲になる率が高いだろうか。幼児期（誕生から五歳まで）における女子の過剰死亡率は、イスラーム諸国の半数、すなわちナイジェリア、セネガル、ニジェール、ブルキナ・ファソ、チャドに見られる。しかしサハラ以南のイスラーム教徒における女子の過剰死亡率は、北アフリカより少ないし、中東、カフカス、中央アジアといった他の地域よりも少ない。そのうえサハラ以南のアフリカの非イスラーム二四カ国のうち一四カ国において、女子過剰死亡率はイスラーム諸国よりも高いのである。

一見したところイスラーム教は、サハラ以南のアフリカに猛威を振るって平時における平均余命の甚大な下落を引き起こしたエイズに対して、良き予防手段となっているように見える。「キリスト教」諸国の方が、より深刻な被害を受けている。性的に能動的な年齢層の二〇%の人間が、エイズに伝染している。その最高率は、スワジランドの三三%である。平均余命は南アフリカ（イスラーム教徒はほとんどいない）では、三五歳以下に落ちている。逆に一〇カ国のイスラーム国が大流行を免れている。最も感染率の高い国、ナイジェリア、チャド、ギニア・ビサウにおいても、感染者は四%であり、それ以外の国では一%から二%である。この事態についての最も真実味のある説明は、おそらくイスラーム教徒が集中している西アフリカ諸国では女性の性行動に対する上からの統制があるという点に求められるだろう。しかしここでもまた、より良い保健衛生状況の原因を宗教的・道徳的により厳格であるという点に帰着させるより前に、イスラーム教とは無関係に、より父系制の度合が強い家族システムに想いを馳せる必要があるのである。

今のところサハラ以南のイスラーム教は、量的にマイナーなポジションに留まっている。数においては、旧ソ連圏のイスラーム教徒を凌駕するとはいえ、アラブ・イスラームのはるか後ろに留まっており、中東の非アラブ・イスラームや極東のイスラームの後塵を拝している。イスラーム教徒六人のうちわずか一人が、サハラ以南の黒人であるに過ぎない。しかし人口動態の重心の移動は、すでに出生率の不均等の中に書き込まれている。「旧共産圏」ないし極東のイスラーム教徒が、もはや二人をわずかに越えただけの子供しか作らなくなり、アラブ人や非アラブの中東人の出生率がもはや子供三・五にすぎず、それも移行の速度に鑑みれば、非常に一時的な現象であるのに対して、イスラーム教ブラック・アフリカは、依然として子供六に留まっている。人口動態というものは強い慣性を持つのであるから、この趨勢からすれば、二一世紀の間にイスラームの重心の南への移動が起こることは確実である。イスラームに結びつく基本的な問題系が、もはや「キリスト教」ないし「キリスト教以降」の北との関係というものに関するものではなくなり、イスラーム圏内部の均衡の逆転に関わるものとなるのも、あり得ない話ではない。

結論

イスラーム教は人口動態に影響するか。以上の九つの章が行なった歴史的・人口学的概観の上に立って出す答えは、明快に「否」である。世界中を駆け巡って調べ上げたイスラーム教徒の出生率の変動の幅——女性一人当り子供一・七から七——は、「イスラーム性」のそれと同じく多様である。この「イスラーム性」は、懐疑論や無神論から、戦闘的原理主義者や復古主義者にまで至る、さまざまなカテゴリーを含むわけだが、その中心に位置するのは、単に「社会学的」イスラーム教徒、ないし「イスラーム文化」に属するという意味でのイスラーム教徒という、あの伸びやかに広がりつつあるカテゴリーである。イスラーム教徒の一体性、永遠不変のイスラーム教、イスラームの本質、といったものは、空理空論に過ぎない。

イスラーム教が人口学的移行に自律的な形で作用を及ぼすことは、なかったわけではないが、そうした作用はこれまで誇張して——それも意図的に——捉えられて来た。他の変数がたくさんあり、しかも有力であることを考えるなら、イスラーム教を説明要因として重視するのは、とりわけ知的近視眼の兆候と言わざるを得ない。識字化、父系制、少数派集団の対抗行動、石油などの地下資源収入、こうしたものによって、イスラーム的人口動態の特殊性という考えは、単なる残留物にすぎない変数となってしまった。

しかしそれだからと言って、宗教的事象を分析から一掃して良いということにはならない。却下されたのは、イスラームの特殊性という観念である。同時に、それと対称をなすキリスト教の特殊性の観念も却下された。何故なら本書においては、宗教は二つの様相の下で基本的なものとして現れるからである。一つはより広く、もう一つは狭い、二つの様相の下で。

広い方の様相としては、あらゆる宗教は公然もしくは暗黙の形で、出産奨励主義的である。何故なら宗教とは人の命に意味を与えるものだからである。識字化と並んで、宗教の動揺と、それに続いた消失が、出生率の低下の条件となったのは、そのためである。この点ではイスラーム教とキリスト教の間に何の区別もない。

宗教というものの狭い方の様相とは、イスラーム教のシーア派とスンニ派という二つの変種に関わる。この側面は関与的であり、イラン、アゼルバイジャン、ならびにレバノンのシーア派地域やシリアのアラウイ派地域の出生率の低さを説明するのを可能にした。もしイラクにいつの日か平和が戻り、きちんとした統計が保証されるようになるなら、いずれはこの国にスンニ派とシーア派の間の人口動態の分化が姿を現すことは疑いを容れない。ここにおいて宗教は重要であるが、それはあくまでもイスラーム教の内部の特性が顕現する限りにおいてである。カトリック教とプロテスタント教の分化も、同じ種類の説明要素だった。このような対立は、ある特定の時点におけるある種の統計的事実を解釈する上では役立ったが、それはいささかも恒久的なものではない。それはいくつかの遅れや、時間的なずれを明らかに照らし出すが、永遠に分離を刻み込むものではない。二〇世紀初頭まで、カトリックとプロテスタントの対立は大きかった。マックス・ウェーバーはその対立を、プロテスタント圏が文化的・経済的に進んでいることについての考察の中で使用した。しかしそれは関与性のあるものであることを止めてしまい、もはやヨーロッパの経済的・人口学的多様性を説明するのに貢献することはない。シーア派・スンニ派の区分も同じであろう。

ヨーロッパの近代化を理解するには、次のような長いサイクルを想像することができなければならない。すなわち、識字化、脱キリスト教化、次いで出生率の低下が、当初は宗教別の各地域の間の差異を際立たせるが、その後は収斂に向かうというサイクルである。世界全体の近代化を理解するには、これと同じようなイメージが用いられなければならない。世界全体の近代化とは、すなわち他の大陸に先立って先ず最初にヨーロッパを襲った心性の近代化の過程の拡大に他ならないが。イスラーム圏は現在、近代性への移行の最中にある。出生率の水準ですでにヨーロッパに追いついた国もある。変遷を始めたか始めないかの国もある。しかしプロセスが始動したのはかくも明白なのであるから、われわれとしては、再び統一された世界の出現を期待するべきであろう。人間の社会は、互いに全く似たようなものとなることは決してないだろう。そしてどんな細部に至るまでも同質的な世界というものを想像するのは、馬鹿げてもいれば悲しいことでもある。ヨーロッパの美しさの依って来る所以は大幅に、スウェーデンとイタリアの間、イングランドとハンガリーの間に存続している差異の中に存するのだ。各国社会の人口学的分析は、もちろん文化的差異の分析に取って代わることはできない。しかし文化的差異の分析作業の中で知的に受入れることのできるものは何か、その限界を定めるのは社会の人口学的分析なのである。

本書が提出する、時流に逆らう楽観的な結論を受入れるためには、もちろん人口学的変数の有効性を感知する力がなくてはならない。人口学的変数は、どれほどまで人間と社会の内奥に達するのか、を想像する必要があるのだ。もしかしたらわれわれはここで読者に対して、彼がおそらくこれまで決して本当に真剣に受け止めることのなかったある次元に関して、一風変った信仰表明をしてくれるよう要求していることになるのかもしれない。

しかし出生調節こそ近代性の推進力であり、隠れている心性の進化を明らかに示すものであるという、まことに決定的な重要性を持った仮説を受入れるなら、われわれは、この地球が、宗教によって異質なものとされた人間たちからなる、互いに相手に対して閉ざされたいくつもの文明に分裂している惑星であるという不吉な表象を免れることができる。昔々ロシアにおいて、西洋的人間、つまり西ヨーロッパかアメリカの人間とは本質を異にするホモ・ソヴィエティクス〔ソヴィエト的人間〕が出現したとの理論が横行したことがあった。しかしそれと同じ時期に、ロシアの出生率の崩壊が起こっていたのであり、そのことはロシア人も他の人間と同じ人間であるということを意味していたのである。性生活・家族生活の中に選択の自由が出現するや、それに続いて必然的に、この同じ自由の観念がイデオロギー的・政治的生活へと拡大されるということが起こらずにはいなかったわけである。

今日、経済のグローバル化によって不安に陥った世界においては、分類し、分離し、そしてもちろん断罪しようとする誘惑は強い。それに、人々の精神の中に文明の衝突というイメージがどっかと腰を据えると、得をする大国もあれば、研究者もいる。この文明の衝突なるものの下には、経済的衝突の潜在的な暴力性が隠れているのである。人口学は、このような道具化された偏執病から人々を解き放ち、もっと先まで進むことを許してくれる。世界各地の住民は、文明と宗教を異にするけれども、収斂の軌道に乗っている。出生率指数の収斂は、われわれが将来へと、それも近い将来へと想いを馳せることを許してくれるのである。その近い将来においては、文化的伝統の多様性は、もはや衝突を生み出すものと知覚されぬようになり、単に人間の歴史の豊かさを証言するものとなるであろう。

表 10　イスラーム諸国の人口統計指標および社会経済指標

（イスラーム諸国＝イスラーム教徒の割合が 50%以上の諸国）

	2007 年の人口（千人）	イスラーム教徒の割合（%）	2005 年の出生率（人）	出生率の最大値（人）	幼児死亡率（‰）	青年男性識字率（%）	青年女性識字率（%）	都市人口の割合（%）	一人当りの国内総生産（US ドル）
アラブ圏									
モロッコ	32784	99	2.43	7.40	40	81	61	55	4360
アルジェリア	33861	99	2.57	8.36	32	94	86	49	6770
チュニジア	10312	98	2.02	7.25	20	96	92	65	7900
リビア	6085	97	2.85	7.62	24	98	97	86	9900
モーリタニア	3247	100	5.20	6.79	71	68	56	40	2150
エジプト	76853	94	3.36	7.07	33	90	79	43	4440
スーダン	37793	70	4.20	6.67	64	85	71	36	2000
イラク	30291	97	3.50	7.30	88	89	81	68	2300
シリア	19988	94	3.50	7.80	18	94	90	50	3740
ヨルダン	5966	96	3.55	8.00	24	99	99	82	5280
レバノン	3653	60	1.69	5.74	17	99	99	87	5740
パレスチナ	2867	96	3.70	8.00	21	99	99	57	979
サウディアラビア*	25809	100	3.61	8.45	23	96	96	86	14740
イエーメン	22325	100	6.20	8.70	75	59	44	26	920
アラブ首長国連邦*	4775	100	3.69	7.50	9	93	93	74	24090
クウェート*	2839	100	4.14	7.50	10	100	100	96	24010
オマーン*	2668	100	3.56	8.70	10	98	97	71	9000
カタール*	857	100	4.44	7.75	9	95	98	100	24000
バーレーン*	751	100	3.10	6.21	10	97	97	100	21290
ソマリア	8766	100	6.23	7.25	119	45	34	34	600
コモロ	841	98	5.09	7.05	59	91	80	33	2000
ジブチ	820	94	4.20	7.80	99	79	55	82	2240
非アラブ中東									
トルコ	75161	99	2.35	6.90	39	98	93	59	8420
イラン	71220	98	2.00	7.00	31	99	97	67	8050
アフガニスタン	32254	99	6.80	8.00	146	51	18	20	690
パキスタン	164594	97	4.60	6.60	79	76	55	34	2350
バングラデシュ	147059	83	3.00	6.85	65	86	82	23	2090

＊人口には外国人を含まない。

	2007年の人口（千人）	イスラーム教徒の割合（%）	2005年の出生率（人）	出生率の最大値（人）	幼児死亡率（‰）	青年男性識字率（%）	青年女性識字率（%）	都市人口の割合（%）	一人当りの国内総生産（USドル）
旧共産圏									
ウズベキスタン	27371	88	2.43	6.80	59	100	100	36	1720
カザフスタン	14802	56	1.89	4.56	60	100	100	57	6280
アゼルバイジャン	8536	93	1.70	5.64	74	100	100	52	3390
タジキスタン	6682	90	3.40	6.83	76	100	100	26	1040
トルクメニスタン	4965	89	2.62	6.75	76	100	100	47	5860
キルギスタン	5386	75	2.87	5.39	53	100	100	35	1690
アルバニア	3163	80	2.15	5.98	24	99	99	45	4710
コソヴォ	2500	90	2.71	5.65	44	98	90	33	817
ボスニア	3920	52	1.20	4.82	10	100	100	43	6250
極　東									
インドネシア	228121	90	2.48	5.67	34	99	99	42	3720
マレーシア	26240	65	3.07	6.94	10	97	97	62	10320
ブルネイ	390	67	2.60	7.00	9	99	99	72	27900
モルディヴ	346	100	2.73	7.00	15	98	98	27	4500
アフリカ　サハラ以南									
ナイジェリア	137243	50	5.59	6.90	100	84	68	44	1040
マリ	14325	90	6.75	7.56	113	38	25	30	1000
セネガル	12218	94	5.26	7.00	61	67	48	45	1770
ニジェール	14907	80	7.55	8.15	123	40	27	21	800
ギニア	9808	85	5.71	6.80	91	69	36	30	2240
ブルキナ・ファソ	14042	50	6.20	7.68	91	46	29	16	1220
チャド	10303	51	6.32	6.65	102	52	34	24	1470
シエラレオネ	5802	60	6.49	6.50	163	59	37	36	780
ガンビア	1594	90	5.10	6.50	73	85	79	50	1920
ギニア・ビサウ	1682	50	7.09	7.10	116	59	37	48	700

（情報源）戸籍、国勢調査、等の、各国公式資料、ならびに、以下のような各種調査。世界出生率調査（WFS）、人口・保健調査（DHS）、児童発達のためのアラブ・プロジェクト（PAPCHILD）、汎アラブ家族保健プロジェクト（PAPFAM）。ならびに以下の著作：United Nations, *World Population Prospects as Assessedin 2006*, New York, 2007; US Census Bureau, *IDB Data Access-Spreadsheet*, 2006 ; Population Reference Bureau, *World Population Data Sheet*, Washington, 2006; Youssef Courbage, *New Demographic Scenarios in the Mediterranean*, INED, Paris, 2002.イスラーム教徒の割合は、各国公式資料（国勢調査、各種調査、等）で推計できない場合は、さまざまなWebサイトからの情報で補足した。また必要な場合、CIAのサイト The World Factbook : https ://www.cia.gov/library/publications/the-world-factbook/index.html で補足した。

図9　イスラーム諸国の出生率

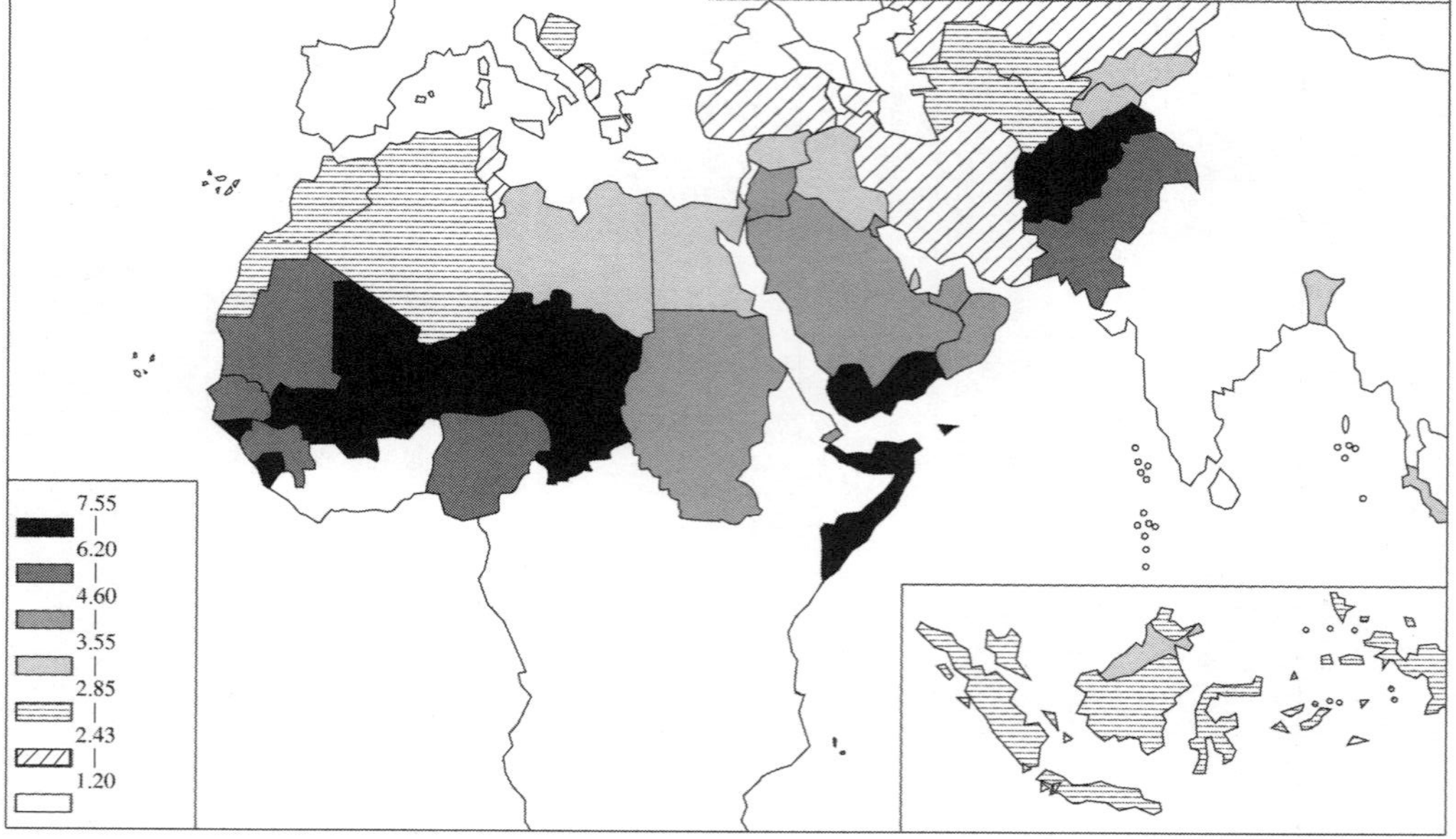

インタビュー
〈附〉「平和にとって、アメリカ合衆国はイランより危険である。」

――ジャック・シラクはイランに対してより宥和的な態度を取っていますが、これを是認なさいますか。

対決から交渉に移るというのは良いことです。しかしイラン問題は、ヨーロッパとアメリカ合衆国の力関係という観点から考えるべきでしょう。アメリカは衰退しつつある攻撃的な国で、衝突のための衝突を追求しがちです。それに対してヨーロッパは、たしかに混乱してはいますが、その戦略的利益は、平和の維持であり、近隣諸国との通商と協力です。ところがアメリカの中東政策は、ヨーロッパと日本が依存している石油資源を支配下に置くことを目指しています。この二大強国に対するヘゲモニーを保持し続けるためです。ジャック・シラクとゲルハルト・シュレーダーは、イラクの破壊に加担することを拒否し、世界がアメリカの戦費を賄うために資金援助をするのを妨害しさえしました。次の目標はイランでした。この国は、ヨーロッパの安全保障圏の中にあります。ですからヨーロッパ人の利益は、アメリカの攻撃からイランを積極的に保護するということのはずでした。イランはもう一つの石油供給源であり、これを確保すれば、ロシアに対する依存を弱めることができるのです。普遍的価値は重要です。しかし良き国際政策とは、国の利益——話をヨーロッパ全体に広げるなら、大陸の利益ということになりますが——の擁護と普遍的価値とを両立させるべく努めることに他なりません。

——ではイラン人の利益は何ですか。

イラン外交の高官たちと話をした限りでは、イランとヨーロッパの利害の相互補完性は、テヘランでは疑問の余地がないと考えられています。経済面ではもちろんですが、外交面でも同様です。イランに対する悪魔扱いと、黒いヴェールの女性たちというイメージを、忘れてみるなら、イラン人がドゴール主義に近い非追随の論理で動いていることが実感できます。ちなみにドゴール主義というのは、まさに今日のイランのような、二流強国のイデオロギーなのです。

――しかしイスラエルを地図から抹消すると宣言する指導者を信頼することはできますか。

私はイランの外交官たちと話をした際、アフマディネジャド大統領の言葉がどの点で受入れ難いか、特にヨーロッパ人にとって受入れ難いかを、彼らに言いました。しかしこうしたセンセーションを煽る発言とは別に、イランの現実を考えることができるのではないでしょうか。イデオロギーは無視できませんし、言葉も重要です。しかし現実はそれよりはるかに重要なのです。イランはイスラエルを殲滅する手段を持ちません。ところがイスラエルの方は、つい最近レバノンの一部を破壊したのです。イスラエル人が安全に対する懸念を抱くのは正当なことです。しかしヨーロッパ人は、世界政治についてイスラエル中心的な見方を持たぬようにしなければなりません。レバノンへの攻撃は、アメリカが相変わらず攻撃的で、同盟国を戦争に引き入れようとしている姿を浮き彫りにしました。それは一つの転換点でした。何故ならそれ以来、アメリカ合衆国は世界平和にとってイランより危険となったからです。

――あなたは何故、イランの大統領の方に不安を感じるということがないのですか。

イランは近代化の軌道の上にあり、そのため「イスラーム主義的退行」の中に打ち沈むことは不可能なのです。イランと比較するのに格好の相手は、フランス革命とロシア革命です。この二つのケースでは、識字率の上昇がイデオロギー的・政治的危機を生み出し、それが君主制の打倒を招来し、それに続いて極めて暴力的な時期が到来しましたが、その後、緊張が緩み、厳しいイデオロギー局面の終焉が訪れるわけですが、それはイランも同じなのです。政治的危機は、男性の半数が読み書きができるようになった時に、起こります。それに次いで女性の識字化が出生率の低下を招来しますが、それは心性的・文化的近代化を予告するものなのです。イスラーム革命の直後、出生率の急速な下落が起こり、出生率は二・一に達しました（アメリカ合衆国のそれと等しく、トルコの出生率、二・四よりはるかに少ない数値です）。人口学者にとって、イランはすでにトルコより近代的ということになります。イランは完璧な民主主義国でないとしても、その革命、国内の政治的論争、不断に行なわれる選挙といったものは、トルコより明らかに民主主義的な気質を証言しています。トルコの民主制はいまだに軍部の統制下にあるのです。私は賭けても良いのですが、イランはかつてのアメリカ合衆国と同様に、宗教的母胎から生まれる民主制の誕生を経験することになるでしょう。イスラームの一派であるシーア主義は、反抗と論争という価値観を含み持っていますが、それがアメリカ民主主義の源泉となったプロテスタント教と同じ役回りを果たすことになるでしょう。トックヴィルは「何らかの宗教が民主制の中に深く根を下ろしたとするなら、それを揺るがすなどとは考えぬことだ」と書いています。彼の言う通りで、宗教と民主制を対立的に捉えてはならないのです。

――アフマディネジャドも、ショアー〔ナチスによるユダヤ人殲滅〕のことを「お伽噺」と言いましたが……。

ヨーロッパ人が犯した大きな罪に責任があると感じるのは正当なことです。しかしその有罪感からヨーロッパ人が、他の道徳的誤りを犯すようなことになってはなりません。ヨーロッパが自分の経済力を利用してイスラエルにパレスチナ国家の創設を受入れざるを得なくさせるということがないままに、アフマディネジャドを告発するだけ、というのは、受入れ難いことです。イスラエルの将来を気にかける人は、イスラエルがアメリカ合衆国に対して自律性を失ったことを問題にしなければなりません。従来型の反ユダヤ主義は歴史の中に占めるユダヤ人の比重を過大に評価しました。今日の反ユダヤ主義は、人口六百万の国が三億の人口を数える国を操っているという仮定に立っています。ですからイスラエルは、イランの大統領の反シオニズム的主張より、アメリカ合衆国による衛星国化によってはるかに脅かされているのです。

――その結果、イランの核武装を許すことになっても構わないというのでしょうか。

指導者たちが原爆を持ちたがっているということを否定しようとするイランの論法は、実に高度な水準に達しています。彼らはこう言うのです。もしわれわれが核の平和利用の停止について、すべての大国に対してノーと言うことができるのなら、なぜ原爆を持つことが必要になるだろうか、と。

しかしいずれにせよ、イランが核兵器を所有した方が良いのではありませんか。その点は日本についても同様ですが。核兵器に関する歴史の唯一の教訓は、根本的な危険は不均衡である、ということなのです。それが一九四五年の状況でした。アメリカだけが原爆を所有していたわけですが、アメリカはそれを使用したのです。逆に冷戦は熱い戦争にはなりませんでした。そしてパキスタンとインドは、両国ともに核武装してからは、話し合いをするようになりました。要するに現在、国際的緊張の地帯は二つありますが、その一つは東アジアで、ここでは核兵器を持たない日本が、核兵器を持つ中国と対面しています。

もう一つは中東で、ここではイスラエルだけが核兵器を持っています。

――確かにそうです。しかしイスラエルは民主制ですが、それに対してイランは……。

ある国が民主主義国だという理由で、その国の市民が互いに討論を交わした結果なら、他国の市民たちを爆撃するとしても、それは正当なことだという考えは、最後には民主制そのものを葬ることになる考えです。

――イスラーム主義の狂信に立脚するイランのナショナリズムは、大惨事に至る恐れもあるのではないでしょうか。

現在の世界の帰趨を決める要因は、アメリカ帝国の弱体化と多極的世界の出現であるとの仮説に立って話を進めましょう。未来に希望を抱かせるような独自の民主主義の形態の発達が見られる、そういうイスラームの強国が出現することは、良いことです。レバノンのせいで、フランス人は、この台頭する強国とヨーロッパとの関係がどのようなものになるかを決定するための第一線に立つことになりました。ところでフランスは二流の強国ですから、もう一つ別の二流強国イランが、レバノンのシーア派共同体を保護することを受入れることに何の不都合もありません。フランスがレバノンのキリスト教徒共同体を保護するのと同じですから。私は神々の秘密に与る身ではありませんが、レバノンへのフランス軍部隊の駐留が予めイランと協議をせずに行なわれたというのは、想像に苦しみます。こうしたフランス・イラン間のパートナーシップが実現するなら、レバノンをシリアとイスラエルの脅威から護ることも可能になるでしょう。同様に、平和のために核兵器の抑止力を行使する、積極的なヨーロッパ・イラン間のパートナーシップが打ち立てられて、曖昧な無干渉政策に取って代わるべきなのです。

(聞き手＝フィリップ・コーエン／
『マリアンヌ』誌、二〇〇六年一〇月七日〜一三日号)

に達したことはない。それは人口学的変貌にあまり好都合とは言えない政治的文脈にもかかわらず、半分に減少したのである（1954 年に 46‰であった人口当り出生率は、1998 年には 25‰になった）。人口動態と揺りかご戦争による抵抗という政治的文脈の下では、逆に出生率の増加か恒常的出生率が予想されたところであったが。

(13) この高い出生率を説明する直接的要因は、結婚年齢がかなり低く、平均 24.2 歳である（マグレブでは 28 ～ 29 歳）ことと、避妊具の使用率が低く、32 %である（マグレブでは 65 %）ことである。中絶はコソヴォのアルバニア人にあっては希ではないが、その頻度は依然として分からない。

第 8 章

(1) Y. Courbage, « L'Indonésie : une transition presque achevée dans le plus grand pays d'islam », *in* Jean-Claude Chasteland et Jean-Claude Chesnais, *La Population du monde. Enjeux et problèmes*, INED/PUF, 1997, p. 183-208.

(2) Y. Courbage, « L'Indonésie : la transition dans le plus grand pays d'islam », *in* J. -C. Chasteland et J. -C. Chesnais, *La population du monde : géants démographique et défis internationaux*, INED/PUF, 2002, p. 244-264.

(3) 希望の子供数 3 というのは、理想の子供数であり、幼児死亡率を考慮に入れるために申告される、生き残り子供数としては 2.9 に対応する。また希望出生率の総合指数は、より少なく子供 2.2 であることも、考慮に入れておくことができる。

(4) Philip Morgan *et al.*, « Muslim and Non-Muslim Difference in Female Fertility : Evidence from Four Asian Countries », *Population and Development Review*, septembre 2002, p. 515-537.

(5) しかし中国人（1.08）とインド人（1.25）の出生率よりは上である。シンガポールの中国人とインド人は、人口学的には自殺しつつある。

第 9 章

(1) Muyiwa Oladosu, « Prospects for fertility decline in Nigeria : comparative analysis of the 1990 and 1999 NDS data », *Workshop on prospects for fertility decline in high fertility countries*, Population Division New York, 2001.

第7章

(1) エレーヌ・カレール=ダンコースは、これについて『崩壊したソ連帝国』を著した。Hélène Carrère d'Encausse *L'Empire éclaté*, Paris, Flammarion, 1979.〔高橋武智訳、藤原書店、1990年〕

(2) それに奇妙なことに、コソヴォでも同様である。これは情勢に関わる理由による。

(3) その際、彼らは情勢の巡り合わせで、ヴァチカンと保守カトリック国の代表団の同盟者となったわけである。

(4) 彼らは時として「ボスニアック」と呼ばれる。「ボスニヤン」というのは、民族・宗教が何であれ、ボスニア・ヘルツェゴヴィナ共和国の帰属民の呼称である。

(5) Y. Courbage, « Les transitions des musulmans en Europe orientale », *Population*, n°3, 1991.

(6) ボスニアにおけるイスラーム教の最近の影響については、次のものを参照。Xavier Bougarel, « Travailler sur l'islam dans la Bosnie en guerre. Partie 1 », *Cultures et Conflits*, n°47 3/2002, p. 49-80. コソヴォにおける家父長制社会とイスラーム教については、次のものを参照。Jean-Arnault Dérens, *Kosovo, année zéro*, Paris-Méditerranée, 2006.

(7) オーストリアによって実施された。

(8) レオン・トロツキーは、当時バルカンに軍事使節として派遣されていたが、次のように断言している。「セルビア人は、人口の不均衡を修正しようと企て、ムスリム住民の系統的虐殺に乗り出した。」

(9) その企ては挫折することになる。セルビア人は、民族浄化計画では、人口の68%を占めることを目標としていたが、38%にしか達することがなかったのである（Vaso Cubrilovic, «l'expulsion des Arnautes»について）。

(10) 出生率は、最も差異を際立たせ、距離を強調することによって妄想を育てるものであることを、銘記しておこう。うじゃうじゃと湧き出る人間ども、何度も何度も繰り返し妊娠する女たち、町や村の道や広場を塞いでしまう子供の群れ、こういったものを引き合いに出しては、敵に烙印を押すのである。

(11) Politika誌、1989年10月30日号。以下のものの引用による。Michel Roux, *Les Albanais de Yougoslavie. Minorité nationale, territoire et développement*, Maison des sciences de l'homme, 1992, p. 332.

(12) しかしアルバニア人の出生率は、シリア、アルジェリア、あるいはマリのような、他のイスラーム国のように、女性1人当り子供8という率

(4) バハイ教徒の鎮圧を除いては。

(5) アラブ諸国はすべて、中央集権主義的でジャコバン的であり、人口動態の民族的・言語的側面は明瞭に区別立てしない点で一致している。この点については、モロッコは著しい例外をなし、アマジク語（ベルベル語）についてのデータを敢えて調査し、最近の国勢調査（2004年度）で公表している。

(6) インドのイスラーム教徒の出生率（女性1人当り子供4.4。これに対してヒンドゥー教徒では3.3）の高さの故に、インド亜大陸のイスラーム教徒人口は、2050年には8億2000万人に達するだろう。これに対して非イスラーム教徒の人口は12億人であろう。前者が後者に追いつき、さらには追い越すことは、今世紀の終わりには可能となるかも知れない。

(7) 戸籍には欠落が多いので、有効なのはアンケート調査である。2001年（4.03）と2003年（3.93）に行なわれた最近の調査では、ここで取り上げた人口資料局の指標、4.60より低い数値が出ている。4.6という数値は、世界銀行が提唱する指標（4.5）に等しい。国連人口局（4.0）とアメリカ国勢調査局（4.14）は、パキスタンの出生率をより低く位置づけている。しかしわれわれの人口動態分析（最近の調査における子供と女性の比率に基づく）は、4.6という指標がより真実に近そうであることを証明した。

(8) あまり深刻に受け止める必要はないにしても、分離への志向は存在しないわけではない。例えば、シンド州の独立や、カラチの分離独立である。人口1500万のカラチの多数派はムハジル人で、分離したら香港のような存在となるだろう。

(9) この国の貧しさの程度は、国民経済計算の抽象的なデータによるより、例えば、世帯の4分の3にはラジオがないといった、具体的な観察による方が、よく伝えられる。

(10) 母乳授乳はほとんど3年近く（32.4ヶ月）続くが、バングラデシュの女性は、とりわけこれのお蔭で、出生率を調節することができるのである。こうして出生率は、結婚年齢の早熟さにもかかわらず、爆発的に増大することがない。

(11) 希望出生率と実質出生率の間の差は、バングラデシュでは高く、調査対象者の誠実さには疑問の余地がある。したがって意向よりは事実に依拠することにする。

(7) こうした条件の下であるから、国籍を問わない調査に見られる出生率は、外国人（その出生率指標は極めて低い）の巨大な存在というノイズで妨害されているため、大した意味を持たない。したがってここでは当該国帰属民についての出生率のみを提示する。

(8) ドゥオデシマ派、ザイド派、イスマイル派などのシーア各派は、サウディアラビアの人口の 15 %前後を占める。

(9) 国連の人口局によれば、これよりやや少なく（5.93）、アメリカ国勢調査局によれば、これよりはるかに多い（6.67）。そして科学的な手法で行なわれたPAPFAMの世論調査によれば、2003年において子供6.20となる。

(10) 2005 年にレバノンに居住するレバノン人の宗派別の割合は、シーア派が 31.5 %、スンニ派が 29 %、ドルーズ派が 5.5 %、マロン派が 19.9 %、ギリシャ正教徒が 5.0 %、ギリシャ・カトリック教徒が 4.2 %、アルメニア教会派が 3.6 %、その他のキリスト教徒が 1.3 %である。国外に居住するレバノン人を考慮に入れると、国外への移民の中ではキリスト教徒が多いため、全体の中でのキリスト教徒の比率は増大する。

(11) Volney, Constantin-François de Chassebœuf, *Voyage en Syrie et en Égypte pendant les années 1783,1784 et 1785*, Paris, 1787.

(12) ヒズボラは、その専門診療所内で、不妊撲滅の戦いと実験室での受精という非常に費用のかかるプログラムの費用を全面的に負担している。このプログラムは全住民に開かれている。

(13) これと比較して、紛争のないモロッコでは、大学卒業者における出生率（子供 1.7）は、世代再生産のラインより下である。

第6章

(1) Marie Ladier, « Démographie, femme et famille : relations entre conjoints en Iran post-révolutionnaire », *Revue Tiers-Monde*, n°182, avril-juin 2005, et Amandine Lebugle-Mojdehi, « Lorsque les zones rurales rejoignent les zones urbaines : la baisse de la fécondité dans les villages de l'Iran », *Les Lundis de l'Ined*, mars 2006.

(2) Marie Ladier-Fouladi, « Démographie, femme et famille : relations entre conjoints en Iran post-révolutionnaire », *Revue Tiers-Monde*, n°182, avril-juin 2005.

(3) Emmanuel Todd, « Les États-Unis sont plus dangereux que l'Iran pour la paix », Entretien avec Philippe Cohen, *Marianne*, 7-15 octobre 2006. フィリップ・コーエンとの対話〔本書巻末「平和にとって、アメリカ合衆国はイランより危険である」〕。

(7) Joseph M. Kitagawa, *Religion in Japanese History*, Columbia University Press, 1966, p. 226.
(8) Abdou Fiali-Ansari, *L'Islam est-il hostile à la laïcité?*, Casablanca, Le Fennec, 1997. ならびに Mohamed Tozy, « La Méditerranée à l'épreuve des enjeux religieux », GERM, *La Méditerranée au XXIe siècle. Visions prospectives*, Casablanca, 1997.

第 2 章

(1) C. Baudelot et R. Establet, *Suicide, l'envers de notre monde*, Seuil, 2006, p. 44-51.
(2) Lawrence Stone, « Literacy and education in England, 1640-1800 », *Past and Present*, février 1969, p. 61-139.

第 3 章

(1) N. J. Coulson, *Succession in the Muslim Family*, Cambridge University Press, 1971, chapitre 8, «Inheritance in shi'i law», p. 108-134.
(2) 男性分布率とは、住民集団の中における女性の比率に対する男性の比率を示すものである。
(3) C. Baudelot et R. Establet, 前掲書、p. 48.

第 5 章

(1) Dudley Sirk, « Factors Affecting Moslem Natality », *in* Bernard Berelson, *Family Planning and Population Programs*, Chicago, 1966.
(2) モーリタニアとスーダンの出生率が低いのは、婚姻の不安定性（サハラ以南アフリカの影響）、配偶者の頻繁な家庭外への移動、一夫多妻制（他の国では残留的）、長期的母乳授乳、不妊要因となる女性割礼のためである。
(3) 荻野式避妊法のみは、認められていた。これはキリスト教的な禁欲への好みにうまく同化した。
(4) パレスチナをこのグループに入れるべきかどうか迷うところだ。出生率はいまだ子供 3.7 に達しているが、2000 年以降の出生率の低下には目覚ましいものがあるからである。
(5) Philippe Fargues, *Générations arabes, l'alchimie du nombre*, Fayard, 2000, p. 81-110.
(6) 第 2 次移行期が始まったのは、ようやく 1989 年のことである。アラブ圏の先駆者は、移行の道を辿る上では、最後の国の 1 つになってしまった。

原　注

第1章

(1) 識字化の歩みを扱うものとしては、古典的な著作が二点あるが、これによって、識字化の過程の不規則だが抗いがたい性格を測定し、実感することが可能になる。ヨーロッパとアメリカ合衆国については、Carlo M. Cipolla, *Literacy and Development in the West*, Penguin Books, 1969. フランスについては、François Furet et Jacques Ozouf, *Lire et Écrire : l'alphabétisation des Français de Calvin à Jules Ferry*, Éditions de Minuit, 1977.

(2) あらためて指摘しておくが、相関係数はマイナス1とプラス1の間で変動する。2つの変数の間の結合は、係数の絶対値が1に近付くほど強く、0に近付くほど弱い。

(3) 相関関係によって変動がどの程度説明されるのかを測定するには、相関係数を二乗する必要がある。係数がプラス0.84なら、変動の71％が説明される。係数がプラス0.55であるとするなら、出生率の低下の時点における変動の30％だけが、識字化された女性の最初の世代が成年に達したという事実によって統計的に説明される、ということが示唆される。

(4) Y. Courbage, E. Todd, *Révolution culturelle au Maroc. Le sens d'une transition démographique*, RES PUBLICA, février 2007.

(5) マックス・ウェーバーがこの表現に与えた意味は、現象の説明法としての宗教的ないし呪術的信仰の後退、という意味である。

(6) これらのきわめて正確な時系列上の合致の詳細な研究は、E. Todd, *L'Invention de l'Europe*, Seuil, 1990〔『新ヨーロッパ大全』藤原書店〕, 第4章（識字化）、第6章（脱キリスト教化）、第7章（出生調節）に見られるだろう。出生調節の普及に果たす脱キリスト教化の役割については、さらに以下のものを見よ。R. Lesthaeghe et C. Wilson, «Modes of production, secularization and the pace of the fertility decline in Western Europe, 1870-1930», *in* A. J. Coale et S. G. Watkins, *The Decline of Fertility in Europe*, Princeton University Press, 1986. p. 261-292.

図表一覧

訳者解説

出生率の低下

世界中に衝撃を与えた『帝国以後』刊行から五年、エマニュエル・トッドの新著が出た。今回は、国立人口学研究所の同僚で、イスラーム圏を専門とする人口学者、ユセフ・クルバージュとの共著による、*Le Rendez-vous des civilisations*（Éditions du Seuil et La République des idées）で、昨年（二〇〇七年）九月に刊行された。本書はその全訳である。直訳すれば「文明のランデヴー」すなわち「待ち合わせ」となるこのタイトルが、ハンチントンの『文明の衝突』と真向から「衝突」するものであることは、だれの目にも明らかであろう。実際、冒頭から、「イスラームというものを近代化を撥ね付ける宗教として提示」し、「イスラーム原理主義とは、イスラームと西洋の本質的な敵対性の表現に他ならない」と主張する「悲観的で攻撃的な分析」への批判こそが、本書の目的であることを明示して、『文明の衝突』は起こらないだろう」と宣言する。

その根拠は、アラブ圏を中心とするイスラーム圏で、いわゆる出生率（合計特殊出生率、一人の女性が一生に生む子供数）が近年急激に低下している、という事実である。出生率の低下は、言うまでもなく近代性の有力な条件であり、これには近代化の要件そのものに他ならない識字化が緊密に関連して来る。思い起こせば、世界における近代性の形成の歴史に他ならない『新ヨーロッパ大全』で、出生調節こそは、識字化と脱宗教化の合成の結果であり、それは同時に、近代イデオロギーと成立基盤を共有するものであった。

したがってイスラーム圏で出生率が低下していることは、イスラーム圏の近代化の証であるということになる。出生率の低下に緊密に相関する識字化は、政治的近代性、すなわち民主主義の条件であるから、イスラーム圏も総体的に民主主義の発達の道をたどっているということになるが、その上、出生率の低下は、アラブ圏に典型的な家族制度である内婚制共同体家族を実質的に突き崩してしまう。これは兄弟が結婚して子供を作ったのちも親の家に留まる巨大な家族を形成するものだが、さらに婚姻が平行いとこ、すなわち兄弟の子供の間で行なわれるというものである。この家族構造は、大勢の子供が作られるのでなければ、当然のこと解体してしまう。

移行期危機

では現在、いわゆる自爆テロを含めたテロリズムを全世界に輸出しているかの観があるイスラーム原理主義はどうなのだ。世界の趨勢である民主主義に挑戦するこのイスラーム原理主義の猖獗は、宗教的狂信の大規模な復活であり、歴史への逆行、一種の退行現象とも見えるが、イスラーム教の本性に深く根ざしたものである以上、今後も益々強固になり、イスラーム・アラブ民衆を永続的に支配し続けるように見えるではないか。

これに対してトッドが（二人の共著者が）提出するのが、すでに『帝国以後』でお馴染みの「移行期危機」の概念である。識字化が進むということは、文盲の親の世代との断絶が起こるということ、すなわち不変と見えた伝統社会との絶縁が実行されるということであり、社会は流血と殺戮の局面に入ることになる。この期間のことを、トッドは伝統的社会から近代社会への「移行期」と規定し、そこに展開するイデオロギー的発熱と流血の現象を「移行期危機」と称するのである。この移行期危機の最初の例は、イングランドのピューリタン革命である。次いで、フランス大革命、ナチズムの勃興、日本軍国主義、等々が、移行期危機の具体的現れということになる。イスラーム圏はまさに現在、この移行期にあるのであり、イスラーム原理主義のような狂信と殺戮は、まさしく移行期危機の現れに他ならない。つまり、それは歴史への逆行・退行現象ではなく、近代化の進展の証であり、言わば近代化が支払わねばならぬ代償なのである。識字化がさらに進めば、移行期は終わり、危機は去り、社会は近代性の中に完全に定着することになる。

それゆえイスラーム主義的テロリズムを、好戦的な宗教であるイスラーム教の本質から流出する狂信とすることは、イスラームは本質的に悪であるとするイスラームの本質化、イスラームそれ自体を悪の根源としてしまうイスラームの悪魔化（悪魔扱い）に繋がる。そのような憶断を排して、冷静にイスラーム世界の動向を見守れば済むことである。これがトッドの基本的提唱であると言うことができよう。この態度の根底には、トッド一流の人間の普遍性に対する確信が横たわっていると思われる。

人間の普遍性への信頼

そもそもトッドの著作家としてのデビューは、弱冠二十五歳の年に上梓した『最後の転落』であるが、ソ連邦の「一〇年、二〇年、ないし三〇年後」における崩壊を予言したこの書の結論を、彼はもっぱらソ連における幼児死亡率の変遷を分析するところから引き出した。当時ソ連ではこれまでの人間とは本質を異にする全く新たな人間、「ホモ・ソヴィエティクス」（ソヴィエト的人間）が誕生した、とする考えが流布していたようだが、トッドの分析は、ソヴィエト人も、世界の他の部分の人間と同じ行動をする普通の人間である、ということを暴露したのであり、そこに生きるのが普通の人間であるのなら、普通の人間にとって堪え難い不自然なこの体制は近い将来に崩壊せざるを得ないはずだ、との結論がそこから導き出されたわけである。

イスラーム圏の住民についても、トッドは同じ態度で臨んでいる。それは何やら訳の分からない、不可思議で理解を越えた人間たちではなく、これこれの条件、例えばこれこれの家族構造と歴史的状況の下で、子供を作り育て、幸福と安寧を求めて日々の営みを行なう人々なのである。

ただ私としては、イスラーム主義が移行期危機の現象であるというのは良いとして、トッドがいささか「暢気」に見える点は指摘しておきたい。と言うのも、同じ移行期危機現象であったナチズムの勃興や日本軍国主義は、「これは移行期危機である」と言うだけで済ますことはできなかった。いわゆる民主主義諸国の武力による反撃があって初めて、その危機は克服されたのである。トッドとしては、イスラームの本質化・悪魔化こそがこの件に関する主要な問題であると考えてのことと思うが、機会があれば質問してみたい点であると考えている。

従来の著作との関係

もう一つここで、『新ヨーロッパ大全』以来のトッドの思想の変遷という観点から、「移行期危機」の概念について、軽く触れておきたい。というのは、この概念は『帝国以後』で明瞭に登場するのであり、近代イデオロギーの成立の条件とメカニズムを主題としようとした『新ヨーロッパ大全』には姿を現していない。近代ヨーロッパ・イデオロギーは、基本的には、当該社会の家族制度が崩壊した時、言わば失われた家族構造の代替物として構築されたものと考えられていた。例えば、ロシア共産主義は、あのロシア流の重苦しい外婚制共同体家族が崩壊した時に、その家族型が体現していた権威と平等の価値が失われた穴埋めとして出現し、住民に受入れられた、というわけである。その段階でイングランド・ピューリタン革命が大きな主題として登場していなかった理由は、ヨーロッパにおける近代性の成立要件は、識字化と脱キリスト教化だったからであろう。ピューリタン革命は、脱キリスト教化の遥か以前の出来事であり、「近代イデオロギー」の場として把握することは不可能であった。ところが「移行期危機」の概念が出現するや、この革命はその歴史上最初の事例としてのステータスを獲得する。ところで移行期危機の条件は識字化の進展（トッドは、男性識字率五〇％への到達を一つの転換点と想定している）であるが、一七世紀において果たしてイングランドでは、識字化の進展が移行期危機を引き起こすに十分なレベルに達していたかというと、これが極めて疑わしい。『新ヨーロッパ大全』によれば、一七五〇年前後（すなわち一八世紀半ば。その頃には、イングランドはピューリタン革命どころか、名誉革命も済ませていた）の識字率は男女合わせて五〇％を越えていないと推定されるのである。もっとも本書では、ピューリタン革命直前に五〇％のハードルを越えたとの説が紹介されているが（六〇頁）。いずれにせよ識字化と移行期危機を連携させようとするなら、識字化先進国ドイツの一六世紀におけるいわゆる「ドイツ農民戦争」を最初の事例（の少なくとも一つ）として取り上げなければならないはずだが、その気配はなく、ドイツの移行期危機の例としては、常にナチズムが引き合いに出されるのみである。ピューリタン革命は、宗教の名において行なわれたという点をイスラーム主義と共有しており、イスラーム主義＝移行期危機説にとっては好都合であるわけだが、その辺りにやや御都合主義の気配を残しており、トッドとしては、いずれ理論的にきちんと整理する必要に迫られることだろう。

トッドの思想と方法の進展という点では、本書において男性識字化と女性識字化が区別されて扱われているのは、明らかに新機軸であり、研究の深化を示すものであろう。また識字化の概念そのものも、本書では「識字率が五〇％を越えること」という風に、具体的に定義されている（本書、**表1**参照）。男性識字化の主たる役割は、上述のように、移行期危機を引き起こすことであるが、女性識字化は、端的に出生率の低下に結びつく、とされるのである。

イスラーム圏の実態に迫る書

以上のような問題設定の下で、本書はイスラーム圏の全域についての、詳細で具体的な検討と分析を展開する。イスラーム圏の中心はアラブ圏であるが、それはイラク、シリア、レバノン、パレスチナの中核部と、サウディアラビアを始めとするアラビア半島諸国（そこには、「アラブ圏の生ける化石」たる、あらゆる面で遅れているイエーメンと、バーレーン、カタール、アラブ首長国連邦などの、表面的には近代化の最先端を行くがごとき産油国が同居している）、そしてエジプトからモロッコに至るアフリカ地中海岸諸国からなる。さらにその外側には、トルコとイランという非アラブの大民族が割拠し、さらにそれより東にはアフガニスタン、パキスタン、バングラデシュが連なり、そのさらに先には、マレーシアとインドネシアという、軍事的征服によらずしてイスラーム教に改宗した民族が居住する。この極東島嶼部は、女性優位の家族制度が支配的であり、これがイスラーム教を採用しているということは、イスラーム教を本質的に男性優位・女性蔑視的宗教とする偏見に対する有力な反証となるであろう。イスラーム圏は、イランの北に広がる中央アジアの旧ソ連諸国と、バルカン半島のアルバニアと旧ユーゴスラヴィアの一部にも及び、さらにいわゆるブラック・アフリカの北部地域も含んでいる。このアフリカでは、大衆規模の一夫多妻制というものの実際の姿が示され、それを人口爆発の原因とする誤解が反駁されるだろう。

移民が帰国する際に、移民先の国の風習と価値観を持ち込むという現象（これは、先進国フランスへのマグレブ人移民だけでなく、サウディアラビアに出稼ぎに来るエジプト人にも見られるもので、その場合、彼らは保守的汎アラブ主義たるワッハーブ主義を、相対的に近代化されたエジプト社会に持ち込むことになる）、敵に包囲されたパレスチナのような地域で、多数の子供を作ることで民族を防衛しようとする「揺りかご戦争」、潤沢な石油収入によって本来の出生率低下の推移から守られていた産油国が、原油価格の低下によってその保護を失うと急激な出生率下落を見せるというメカニズム、さらに東アジアのイスラーム国における出生率維持の傾向（これは少子化に悩む日本にとって有益な教訓となるのではなかろうか）、等々、興味深い事例は枚挙に暇がない。現在のわれわれの関心を最も集めるイスラーム圏についての、手頃な手引きとしての効用も本書には期待できよう。

本書がフランスならびに世界中で『帝国以後』に匹敵するベストセラーになるかどうか、今のところは何とも言えない。年明け早々に入手した情報では、これまでに六版を重ね、発行部数は三万五千部に達しており、すでにスペイン語、ドイツ語、イタリア語、ポーランド語に翻訳され、間もなく韓国語に訳される予定、とのことである。しかしフランスのプレスの反応を見ると、やや厳しく冷ややかな論調が目につくようにも思える。もちろん『帝国以後』も、批判には事欠かなかったが……。例えば『ル・モンド』のものなど、本書を「すべては平和と寛容なりと説く教訓的物語」のカテゴリーに分類しようとする気味があるが、これなどは初歩的な誤解でなければ、為にする決めつけと言うべきであろう。あるいは、『帝国以後』がフランス民衆に根強い反米主義を鼓吹したのに対して、本書がイスラームへの理解を呼びかけている点が、多少の抵抗を呼び起こすのだとすると、それは逆にフランス人読者にも「西洋人」としての尊大な偏見が潜んでいたことをあぶり出しているのかもしれない。今回、本訳書の刊行に先立って、学芸総合誌・季刊『環』(三二号、二〇〇八年一月)が本書の特集を組み、本原書刊行後に本書とトッドを採り上げたフランス語プレスの記事を多数掲載している。実に多様な反応と見解が寄せられており、読者諸賢にも是非併せてご一読下さり、その辺についてもご感想を頂ければ幸甚である。いずれにせよ、本書の全世界的な意味は、『帝国以後』のそれに勝るとも劣らぬものであり、日本だけでなく、世界中で一人でも多くの方に読んで頂きたいものであるが、とりわけアメリカ人読者に読んで頂きたい。英語訳の刊行が期待される。

9・11以降のトッドの原点

以上のように、本書はハンチントンの「文明の衝突」説に対する反論であるが、トッドによるハンチントンへの反論、ないし痛烈な批判として、真っ先に念頭に上るのは、二〇〇二年五月二八日にパリ日本文化会館で行なわれた「ＥＵの将来と日本の役割——国際紛争に直面して」と題する講演である（拙訳、『環』一二号所収）。『帝国以後』は二〇〇二年九月、９・11の一周年に合わせて刊行されたわけだから、この講演は、まさに『帝国以後』が完成し入稿される直前に行なわれたことになる。こうしたところから極めて重要と思われるこの講演について、少しく触れておきたい。

講演の内容は大きく三部に分かれ、その第一部は、イスラームの本質化ないし悪魔化への批判である。トッドは、アメリカが構築して流布させようとしている「国際社会 対イスラーム原理主義的テロリズム」という世界の主要対立軸のヴィジョンを神話的と批判し、イスラーム・テロリズムとは、移行期危機の現象であると、主張している。第二部「グローバリゼーションとその機能不全」は、グローバリゼーションの批判的分析で、トッドは、

「それは世界規模で存在する不平等を先進諸国社会の中に導入しようとするメカニズムを作動させることになる」と言う。では何故、先進諸国はそのようなことを受入れるのか。大衆識字化の進展が産み出した新たな階層化の結果として、高等教育を受けたエリート層（ほぼ国民の二〇％）による寡頭制が形成され、それが自国の民衆の困難を顧慮せず、剥き出しの自由主義経済たるグローバリゼーションを支持するのだ、というのである。しかしグローバリゼーションは、賃金の削減を招来し、そのため購買力の低下を引き起こす。これは日本やドイツのような生産的な経済に打撃を加えるが、相対的に生産性が低いアメリカ経済には、それほどの打撃とならず、ドルという基準通貨を擁するアメリカは、「クレジットで生活できる立場に身を置くことができる」。まさにサブプライムローンに歪められた現在の事態を先取りする喝破ではないか。

さてこのように分析したのちに、トッドは「私流にねじ曲げたハンチントンを」やってみると称して、先進国間の力関係について考察する。それこそは「国際社会対イスラーム・テロリズム」という「神話的」な対立軸とは違って、真の主要な対立軸の在処なのである。そこで彼が想定する「文明の衝突」は、何とアメリカ合衆国とヨーロッパおよび日本とのそれなのである。それは民族学的には、絶対核家族的文明と直系家族的文明の「衝突」である。ヨーロッパ経済の中心はドイツであり、ドイツは直系家族の国であるから、ヨーロッパ経済は、直系家族的心性と価値観を基盤とするものであり、直系家族の国日本の資本主義も、同様に社会的団結、長期的な要素、技術的進歩、労働力の安定性を重視する、ドイツ型（したがって直系家族的）資本主義である。それに対してアメリカの資本主義は、個人主義的で、短期的要素、直接的利潤、無統制な消費を特徴とする、絶対核家族的なものである。さらにそもそもアメリカ社会というのは、すでに高度に識字化された移民が、肥沃な処女地に到来して、自由に思うがままに建設した社会であり、その住民は一度も希少性に直面したことはなく、これまで常に浪費をこととして生きて来た。これに対して、ヨーロッパと日本の社会は、災害や貧困と戦いながら必死に生存して来た農民社会の後継者である、とトッドは言う。要するにトッドの試みる「ねじ曲げたハンチントン」とは、世界を支配する三大パワー、米欧日（実質的生産力では、この三者はほぼ等しい）の間の「文明の衝突」の可能性についての考察であり、その際「衝突」面を旧大陸と新大陸の間に想定する、驚くべきものなのである。もちろんこれは、ハンチントン理論を「正しく」適用すればこうなるぞ、という脅しをこめたパロディーによって、痛烈な揶揄を「文明の衝突」論の信奉者に浴せた、ということなのだろう。

この第一部が、まさに本書『文明の接近』の内容に直結することは、改めて指摘するまでもなかろう。そして第二部と第三部は、『帝国以後』の骨格と対応する。アメリカと欧日との「文明の衝突」論は、この講演が日本人を主たる聴衆としたところから来る一種の社交辞令ないしサーヴィスの気配はあるが、ヨーロッパを直系家族で代表させ、異質と思われた日本が「非常にヨーロッパ的（直系家族的）である」ことを確認した個人的体験を語るトッドの言葉には、社交辞令を越えた、少なくとも私的な思い入れが感じられはしないだろうか。ちなみにユダヤ人も直系家族の民である。

いずれにせよこの講演には『帝国以後』の骨格と最新作『文明の接近』の骨格がともに含まれている。二一世紀のトッド、より正確に言えば、9・11以後のトッドの構想は、基本的にこの講演の中にすべて開陳されている、と言えよう。トッドとしては、そのうちより重要と思われるグローバリゼーションのテーマを、まずアメリカ帝国論として発展させ、次いでイスラーム問題の網羅的研究に取り組んだ、ということになる。このような重要な講演が、パリ日本文化会館で日本人聴衆を前に行なわれたということには、ある種の感動を禁じ得ない。敢えてこれに言及した所以である。

二つのインタビュー

さて本書は、原文以外に二つの文書を収録している。一つは本訳書の序文に代わるものとして行なわれた、イザベル・フランドロワ女史によるトッドのインタビューである。ここにもトッドの日本への特別の思いが遺憾なく表明されているが、もちろん彼が描き出す世界像の中で日本はまさに日本が値する地位と意味を与えられているのであって、何やら知らぬ個人的な好みの故にことさらに重要であるわけではない。しかし仮に当然の扱いであるとしても、新たな世界像を築き上げる独創的な知性が日本に用意してくれる処遇は、近代化開始以来、己を知ることがまことに不得手であった日本人に、改めて自覚と自信を呼び起こしてくれるのではなかろうか。

このインタビューの中で、トッドは特別の関心の対象として、日本とイランを挙げている。イランに対する「好意的態度」は、アメリカに主導される「国際社会」の偏見に対するアンチテーゼとして戦略的な誇張が加味されているのかとも思われていたが、ここでは非西洋的近代化の「日本に続く」モデルとしての意味が鮮明にされている。それとの対比で意外なのが、トルコに対する考え方である。ケマル・アタチュルクの革命以来一世紀弱、欧化路線をひた走って来た「優等生」が、「近代化と欧化の混同」として断罪されるとなると、果たして日本はどうだったのか、と自問せざるを得なくなるではないか。

このインタビューの末尾には、もう一つ重要な分析が姿を見せている。西洋（すなわち欧米）に蔓延しているイスラーム恐怖症（イスラームに対する強迫観念）を、イスラームそのものの関知しない、西洋自身の問題とする把握である。例えば反ユダヤ主義というのは、ユダヤ人の問題ではなく、反ユダヤ主義者自身の問題であり、反ユダヤ主義を生み出す社会の問題である（「アメリカには黒人問題はない。あるのは白人問題だ」）というのは、サルトルの分析を典型とする、共通原則ともいうべきものであろう。トッドは、それが「西洋それ自体の病と関連する」と言う。その点は、例えば『環』最新号のトッド特集に見えるいくつかの発言からも窺えるところだ。例えばニコラ・サルコジの大統領当選に触れて発せられた「彼こそは、今日のフランスが病んだ社会であることの証拠ですよ」（『ジュルナル・デュ・ディマンシュ』「トッドの人間的魅力」『環』三二号一一三頁）。サルコジの大統領当選は、トッドの「予言」が的中しなかった事例となったが、トッドとしては、フランス社会がそれほどまでに病んでいるとは測定できなかった、ということになるだろう。しかしトッドは、さらに踏み込んで、その「西洋の病」なるものが、脱宗教化の成就に由来するかのような示唆を行なっている。イランにシーア派信仰を母胎とする民主主義の成立を期待する発言（本書所載の『マリアンヌ』誌上でのインタビュー）と考え合わせるなら、宗教の方に真剣に向き合おうとする姿勢が窺えないではない。あるいはこの示唆は、近代化のトップランナーであった「西洋」が陥っている袋小路についての、トッドの未来の新著のテーマを予感させるものかもしれないのである。

もう一つは、付録として収録した『マリアンヌ』誌（二〇〇六年一〇月七日～一三日号）での、フィリップ・コーエンによるトッドのインタビューである。これについては本書一六〇頁に、「本書の共著者の一人が答えたインタビュー」として触れられている。ここでイランの出生率が、トルコより低く、アメリカ合衆国と等しい二・一に達したと述べられたことに、イラン大統領アフマディネジャドが反応したというのである。これはもちろん推測に過ぎないが、トッドの発言は、全世界で注目されており、例えば、昨年（二〇〇七年）九月一一日前後に放映されたビデオで、ビン・ラディンは『帝国以後』を間接的に引用していた（『環』三二号、一二〇頁）、ということであるから、イラン大統領についても、あり得ない話ではない。いずれにせよ、このように本文中に言及され、原注（第六章、注3）で採り上げられた重要な文書を、付録として収録することができたのは、喜ばしい。『環』三二号所収のフランス語プレスのいくつかが主題としているイランについてのトッドの立場の言わば原型が、ここに明瞭かつ余すところなく呈示されており、まことに興味深い。

著者紹介

エマニュエル・トッドについては、すでに何度も紹介しているが、初めての読者のために基本的な事項のみ記しておこう。

トッドは一九五一年生まれの人口学者、人類学者、歴史家で、ケンブリッジ大学で歴史学の博士号を取得。現在、国立人口学研究所（ＩＮＥＤ）の研究主任を務める傍ら、通称「シヤンス・ポ」で名高い政治学研究学院（ＩＥＰ）で講義を持っている。一九七六年に二十五歳にして、当時隆盛の一途をたどりつつあると思われたソ連邦の崩壊を予言した衝撃的なソ連研究の書『最後の転落』を刊行して、著作家としてデビュー。一九八三年に『第三惑星』で全世界の家族制度の定義と分類と分布図を完成させ、家族制度によって近現代のイデオロギー現象を説明する方法を確立し、一九九〇年の『新ヨーロッパ大全』では、その方法を洗練させて、一六世紀以降のヨーロッパ近現代史の精緻な分析を行ない、一九九四年の『移民の運命』では、先進諸国における移民と民族的マイノリティの問題とアメリカ合衆国の近現代史を分析、一九九九年には『経済幻想』によって、経済学にまで進出し、二〇〇二年の『帝国以後』では、地政学に進出し、当時、世界史上初めて地球全域の支配を実現するかに見えた、唯一の超大国アメリカ合衆国の帝国としての構造の分析を通して、その近い将来における衰退を予言し、全世界に衝撃を与えた。この間、一九九五年のフランス大統領選挙に際しては、「左翼の人間に変貌したシラク」という仮定の下にジャック・シラクの勝利を予言し、劣勢だったシラクの逆転勝利のきっかけとなった。こうしたことから、現在フランスでは彼を「予言者」と呼ぶ向きもある。すでに三度来日しており、二〇〇〇年六月の二度目の来日からは、『世界像革命』（藤原書店）が生まれ、二〇〇四年一月の三度目の来日では、青山学院大学にて、シンポジウム「『帝国以後』と日本の選択」を行ない、これを中心として『「帝国以後」と日本の選択』（藤原書店）が編まれた。

　トッドの著作の主要なものの和訳は、いずれも藤原書店から刊行されているか刊行予定である。その一覧のみ、ここに掲げておこう。

La Toisième Planète, Seuil, coll. «Empreintes», 1983.『第三惑星』（『世界の多様性』〈〉

L'Enfance du monde, Seuil, coll. «Empreintes», 1984.『世界の幼年期』（『世界の多様性』〈〉

L'Invention de l'Europe, Seuil, 1990.『新ヨーロッパ大全』Ⅰ巻、石崎晴己訳、一九九二年、Ⅱ巻、石崎晴己・東松秀雄訳、一九九三年。

Le Destin des immigrés, Seuil, «L'Histoire immédiate», 1994.『移民の運命』石崎晴己・東松秀雄訳、一九九九年。

L'Illusion économique, Gallimard, 1998.『経済幻想』平野泰朗訳、一九九九年。

La Diversité du monde, Seuil, «L'Histoire immédiate», 1999.『世界の多様性』(『第三惑星』と『世界の幼年期』を併せて一冊として再刊したもの)、荻野文隆訳、近刊予定。

Après l'Empire, Gallimard, 2002.『帝国以後』石崎晴己訳、二〇〇三年。

共著者のユセフ・クルバージュは、イスラーム圏の人口動態研究の第一人者で、現在、国立人口学研究所（ＩＮＥＤ）研究主任、国連、ユネスコ、ヨーロッパ評議会、等の調査団に何度も加わっている。一九四六年にシリアのアレッポで生まれ、レバノンの聖ジョゼフ大学とベイルート・レバノン大学で経済学と社会学を学んだ後、渡仏し、パリ第四大学（ソルボンヌ）と第九大学（ドーフィーヌ）で人口学と都市工学を学んだ。その後レバノンに帰り、ベイルートの大学で人口学と歴史を講じながら、アラブ諸国の人口動態を研究。レバノン戦争（一九七五年〜一九九〇年）の間は、エジプト、カメルーン、ハイチ、モロッコと居住地を転々としながら、国連の専門職員として、教育とそれらの国の研究に従事している。著書、論文は、三〇〇点近くに達する。

訳語、その他

訳語について二、三触れておきたい。

まず「出生率」である。これに対応する原語は taux de fécondité（英語の total fertility rate）であるが、これは「ある年次における一人の女性がどの程度の出生力を持っているかを示す指標」（『新社会学辞典』有斐閣）と定義されるもので、日本では「合計特殊出生率」と呼ばれる。要するに「女性一人が生涯に産む子供の数の平均」であり、現に本書では、この率の数値を示す際に、例えば「女性一人当り子供二・一人」などと記している。この指数は、二〇〇五年に日本のそれが一・二五と過去最低を記録して、少子化問題がマスメディアで騒がれるようになってから、普通の市民にもよく知られるようになったわけだが、そうした場面では単に「出生率」という省略形で用いられており、今日、日本で「出生率」と言えば、これを意味するようになっているようである。そこで本書ではこの語を、初出について「合計特殊出生率」としたのち、あとは単に「**出生率**」とすることにした。

これに対して taux de natalité（文字通りの「出生率」）という用語があり、これは人口千人あたりの年間の出生数を示すもので、例えば二〇‰とか四五‰といった数値になる。本書ではこの指数はほとんど登場しないが、稀に登場した場合は、左記の「出生率」と区別するために、「**人口当り出生率**」としてある。

本書についてはこれで良いのだが、これまでの拙訳によるトッドの日本語訳書をお読み下さる方には、一言お断りしておかねばならない。というのも従来は、taux de fécondité を「出産率」、taux de natalité を「出生率」と訳しているからである。基本的に従来「出産率」と訳されていたものが、本書では「出生率」となっているわけであり、あるいは混乱を引き起こすことになるかもしれないが、一つには日本における用語法の変遷のせいでもあり、何卒ご理解頂きたいものである。

次に、従来「受胎調節」と訳されて来た contrôle des naissances（バース・コントロール）を、本書では「**出生調節**」とした。この語はトッドの人口学的歴史理論の根幹をなす概念の一つであり、近代化の最重要の条件をなすものであり、『新ヨーロッパ大全』の目次には、「第七章　受胎調節」として掲げられている。しかし実際はどうも「受胎」だけの「調節」ではなく、「受胎」したあと「誕生」までの間に介入する「調節」（すなわち「中絶」）も含まれるようである。本書においては特に、旧ソ連諸国を扱う第七章においてその事例が論ぜられており、「受胎調節」という訳語との齟齬が目につくケースが散見した。そのため「出生調節」という直訳の訳語を採用することになったが、「出生率」等の用語に慣れておられる読者諸賢には、違和感なく受入れて頂けるものと期待している。これ以前の拙訳によるトッドの訳書をお読みになる方も、この点にご留意頂ければ幸いである。

最後に Occident である。これは通常は「西欧」で問題ないはずであるが、厄介なのはこの語が現在は、アメリカ合衆国（およびカナダ）を含むだけでなく、アメリカ合衆国がこの概念を代表する場合もある、ということである。現にトッドも、Occidentaux「西欧人」と書いたあと、わざわざ「つまりヨーロッパ人とアメリカ人」などと書き添えている場合がある。「西洋」という訳語もあるが、これは語感としては随分と古めかしい上に、あまりに陳腐で品格がないし、それでは日本にとって例えばロシアはどうか、これも「西洋」の一部なのではないか、という問題も出て来る。ロシア、ないしかつての東ヨーロッパは、Occident の一部とはみなされないのである（東ヨーロッパでも、ポーランドやチェコやハンガリーは、歴史的には西ヨーロッパ文明の一翼を担っていたが、第二次世界大戦後ソ連の衛星国となって、鉄のカーテンで西欧から遮断され、心ならずも「東ヨーロッパ」扱いされてしまったという事情がある）。「欧米」とすることも考えられるが、明らかに「米」が含まれない場合も多々あり、同じ語をその都度訳し分けなければならないし、場合によっては、「西欧」だけなのか「米」を含むのか、その両義性の戯れそのものに意味があるような場合もあるのだ。帯に短し襷に長しであるが、基本的には、明らかに「西欧」で済ませることのできる場合（現代ないし二〇世紀以前）を除いて、語感の品格には目をつぶって「西洋」を採用することにした。

実は本書を翻訳したのは、昨年（二〇〇七年）九月の本書刊行以前の八月である。本書の最終ゲラが到来した時点で、藤原書店編集部よりご提案があり、早速和訳初稿を書き上げた。このところ私は学内で激務にあり、これに費やす時間としては、八月の一カ月しかなかったのである。しかしゲラから訳したものだから、いざ本が出てみると、その後の修正箇所が気になったが、これについては、青山学院大学講師、鈴木隆芳氏にお願いしてチェックして頂いた。その後は激務の合間を縫いながらの作業となり、また藤原書店が『環』の特集号を本書に先駆けて発行することになったため、そちらの方にも多くの時間を割かざるを得なくなった。しかしその間、編集部の西泰志氏がいくつかの事項の調査などを積極的に引き受けて下さるなどして下さったお蔭で、なんとか時間表通りに刊行に漕ぎ着けることができたのである。西氏は、訳語などについても忌憚のないご意見を寄せて下さったが、真摯な討論の結果として、そのいくつかは採用させて頂いた。また毎日新聞社専門編集委員、西川恵氏にも、有益なご教示を頂いた。とはいえ、アラブ・イスラーム圏という自分の専門外のことに関わる訳業であり、不備・誤りが多々あろうかと思う。率直なご指摘・ご教示を頂ければ幸甚である。

学内での激務が続いていたため、当分は多少のサイズの仕事はできないだろうと思っていたのだが、こうしてまたトッドの重要な作品を翻訳することができたのは、望外の幸せである。これはもちろん、機会を与えて下さった藤原書店社長、藤原良雄氏のお蔭であるが、私としては、相変わらず旺盛に活動を発展させ、イスラーム圏問題という枢要の主題に鮮やかに切り込む新著を出して下さったエマニュエル・トッドご自身に心から感謝したい。またこの間、トッドとやや連絡が途絶えていたため、その連絡を回復するに当たって、パリ在住の国立東洋言語文化学院（ＩＮＡＬＣＯ）教授、浅利誠氏とイザベル・フランドロワ女史ご夫妻に、献身的なご尽力を賜った。この場をお借りして、皆さんに感謝の意を表するものである。

二〇〇八年一月二〇日

石崎晴己

著者紹介

エマニュエル・トッド（Emmanuel Todd）

1951年生。歴史人口学者・家族人類学者。フランス国立人口統計学研究所（INED）に所属。1976年、『最後の転落』（新版邦訳13年）で、弱冠25歳にして旧ソ連の崩壊を予言。その後の『第三惑星』『世界の幼少期』（99年に2作は本書『世界の多様性』（邦訳08年）として合本化）において、世界の各地域における「家族構造」と「社会の上部構造（政治・経済・文化）」の連関を鮮やかに示し、続く『新ヨーロッパ大全』（90年、邦訳92、93年）では、対象をヨーロッパに限定し、さらに精緻な分析を展開、宗教改革以来500年の全く新たなヨーロッパ近現代史を描き出した。「9・11テロ」から1年後、対イラク戦争開始前の02年9月に出版された『帝国以後』（邦訳03年）ではアメリカの金融破綻を予言し、28カ国以上で翻訳され、世界的ベストセラーとなった。

その他の著書として、『移民の運命』（94年、邦訳99年）、『経済幻想』（98年、邦訳99年）、『文明の接近』（クルバージュとの共著、07年、邦訳08年）、『デモクラシー以後』（08年、邦訳09年）、『アラブ革命はなぜ起きたか』（11年、邦訳11年）『不均衡という病』（ル・ブラーズとの共著、13年、邦訳14年）（邦訳はいずれも藤原書店刊）。

2011年、ライフワークともいうべき『家族システムの起源』が刊行されて反響を呼んだ（2016年春邦訳刊行予定）。

ユセフ・クルバージュ（Youssef Courbage）

1946年シリア・アレッポ生まれ。イスラーム圏の人口動態研究の第一人者。現在、国立人口学研究所（ＩＮＥＤ）研究主任。レバノンの聖ジョゼフ大学とベイルート・レバノン大学で経済学と社会学を学んだ後、渡仏。パリ第4大学（ソルボンヌ）と第9大学（ドーフィーヌ）で人口学と都市工学を学ぶ。その後レバノンに帰り、ベイルートの大学で人口学と歴史を講じながら、アラブ諸国の人口動態を研究。レバノン戦争（1975年～1990年）の間は、エジプト、カメルーン、ハイチ、モロッコと居住地を転々としながら、国連の専門職員として、教育とそれらの国の研究に従事している。著書（共著を含む）に、*La Syrie au présent - Reflets d'une société*, *Le niveau et la qualité de l'enseignement supérieur dans le monde arabe*, *Amélioration ou baisse?*, *Penser l'Orient : Traditions et actualité des orientalismes français et allemand*, *The demographic characteristics of immigrant populations in Europe*, *New Demographic scenarios in the Mediterranean Region*, *The demographic characteristics of national minorities in certain European States*, *Christian and Jews under Islam* など。

訳者紹介

石崎晴己（いしざき・はるみ）

1940年生まれ。青山学院大学名誉教授。1969年早稲田大学大学院博士課程単位取得退学。専攻フランス文学・思想。

訳書に、ボスケッティ『知識人の覇権』（新評論、1987）、ブルデュー『構造と実践』（藤原書店、1991）『ホモ・アカデミクス』（共訳、藤原書店、1997）、トッド『新ヨーロッパ大全 I II』（II 共訳、藤原書店、1992-1993）『移民の運命』（共訳、藤原書店、1999）『帝国以後』（藤原書店、2003）『文明の接近』（クルバージュとの共著、藤原書店、2008）『アラブ革命はなぜ起きたか』（藤原書店、2011）『最後の転落』（藤原書店、2013）『不均衡という病』（ル・ブラーズとの共著、藤原書店、2014）、レヴィ『サルトルの世紀』（監訳、藤原書店、2005）、コーエン=ソラル『サルトル』（白水社、2006）『サルトル伝（上・下）』（藤原書店、2015）、カレール=ダンコース『レーニンとは何だったか』（共訳、藤原書店、2006）など多数。

編著書に、『世界像革命』（藤原書店、2001）『サルトル 21世紀の思想家』（共編、思潮社、2007）『21世紀の知識人』（共編、藤原書店、2009）など。

文明の接近（ぶんめいのせっきん）——「イスラーム vs 西洋（せいよう）」の虚構（きょこう）

2008年 2月29日 初版第1刷発行 ©
2016年 1月30日 初版第4刷発行

訳　者　石　崎　晴　己
発行者　藤　原　良　雄
発行所　株式会社　藤　原　書　店

〒162-0041 東京都新宿区早稲田鶴巻町523
電　話 03（5272）0301
FAX 03（5272）0450
振　替 00160 - 4 - 17013
info@fujiwara-shoten.co.jp

印刷・製本　中央精版印刷

落丁本・乱丁本はお取替えいたします
定価はカバーに表示してあります

Printed in Japan
ISBN978-4-89434-610-9

独自の手法で、ソ連崩壊と米国衰退を最も早く見抜く！

エマニュエル・トッド （1951-　）

1951年生。歴史人口学者・家族人類学者。仏国立人口統計学研究所（INED）に所属。L・アンリの著書で歴史人口学を学び、ル＝ロワ＝ラデュリの勧めでケンブリッジ大学に入学し、ラスレットの指導で、76年に博士論文『工業化以前のヨーロッパの7つの農民共同体』を提出。同年『最後の転落』（邦訳近刊）で乳児死亡率の上昇を論拠に旧ソ連の崩壊を断言。『第三惑星』と『世界の幼少期』（後に『世界の多様性』として合本化）では家族構造と社会の上部構造（政治・経済・文化）の連関を鮮やかに示し、『新ヨーロッパ大全』（90年）では新しいヨーロッパ像を提示。『移民の運命』（94年）では家族構造と各国の移民政策の関係を分析、『経済幻想』（98年）ではアングロ・サクソン型個人主義的資本主義を唯一の規範とするグローバリズムを批判。『帝国以後』（02年）では「米国は唯一の超大国」といった認識に反してアメリカの衰退を予言し、世界的大ベストセラーとなる。『文明の接近』（07年）では着実に進むイスラム圏の近代化を根拠にイスラーム脅威論を批判。『デモクラシー以後』（08年）『自由貿易は、民主主義を滅ぼす』（10年）では、世界経済危機の原因としての自由貿易の絶対視と保護貿易のタブー視を批判。研究の集大成である『家族システムの起源I』が近刊予定（邦訳も）。

衝撃的ヨーロッパ観革命

新ヨーロッパ大全 I・II

E・トッド
石崎晴己・東松秀雄訳

宗教改革以来の近代ヨーロッパ五百年史を家族制度・宗教・民族などの〈人類学的基底〉から捉え直し、欧州の多様性を初めて実証的に呈示。欧州統合の問題性を明快に示す野心作。

A5上製
I 三六〇頁 **三八〇〇円**（一九九二年一一月刊） I◇978-4-938661-59-5
II 四五六頁 **四七〇〇円**（一九九三年六月刊） II◇978-4-938661-75-5

L'INVENTION DE L'EUROPE Emmanuel TODD

グローバリズム経済批判

経済幻想

E・トッド
平野泰朗訳

「家族制度が社会制度に決定的影響を与える」という人類学的視点から、グローバリゼーションを根源的に批判。アメリカ主導のアングロサクソン流グローバル・スタンダードと拮抗しうる国民国家のあり方を提唱し、世界経済論を刷新する野心作。

四六上製 三九二頁 **三二〇〇円**（一九九九年一〇月刊）
◇978-4-89434-149-4

L'ILLUSION ÉCONOMIQUE Emmanuel TODD

移民問題を読み解く鍵を提示

移民の運命
〈同化か隔離か〉

E・トッド　石崎晴己・東松秀雄訳

家族構造からみた人類学的分析で、国ごとに異なる移民に対する根深い感情の深層を抉る。フランスの普遍主義的平等主義とアングロサクソンやドイツの差異主義を比較、「開かれた同化主義」を提唱し「多文化主義」の陥穽を暴く。

A5上製　六一六頁　**五八〇〇円**
（一九九九年一一月刊）
◇978-4-89434-154-8

LE DESTIN DES IMMIGRÉS　Emmanuel TODD

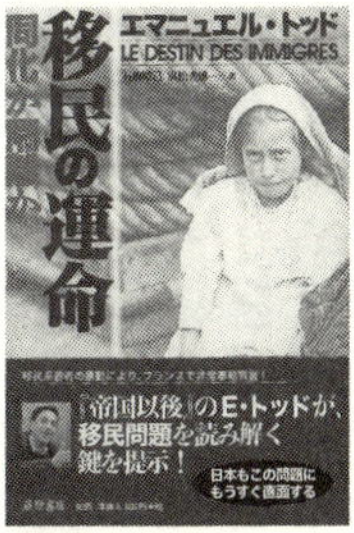

エマニュエル・トッド入門

世界像革命
〈家族人類学の挑戦〉

E・トッド
石崎晴己編

『新ヨーロッパ大全』のトッドが示す、「家族構造からみえる全く新しい世界のイメージ」。マルクス主義以降の最も巨視的な「世像革命」を成し遂げたトッドの魅力のエッセンスを集成し、最新論文も収録。**対談・速水融**

A5並製　二二四頁　**二八〇〇円**
（二〇〇一年九月刊）
◇978-4-89434-247-7

全世界の大ベストセラー

帝国以後
〈アメリカ・システムの崩壊〉

E・トッド
石崎晴己訳

アメリカがもはや「帝国」でないことを独自の手法で実証し、イラク攻撃後の世界秩序を展望する超話題作。世界がアメリカなしでやっていけるようになり、アメリカが世界なしではやっていけなくなった「今」を活写。

四六上製　三〇四頁　**二五〇〇円**
（二〇〇三年四月刊）
◇978-4-89434-332-0

APRÈS L'EMPIRE　Emmanuel TODD

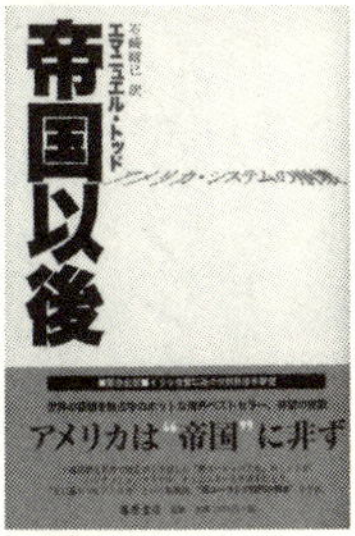

「核武装」か？「米の保護領」か？

「帝国以後」と日本の選択

E・トッド
池澤夏樹／伊勢崎賢治／榊原英資／佐伯啓思／西部邁／養老孟司 ほか

世界の守護者どころか破壊者となった米国からの自立を強く促す『帝国以後』。「反米」とは似て非なる、このアメリカ論を日本はいかに受け止めるか？　北朝鮮問題、核問題が騒がれる今日、これらの根源たる日本の対米従属の問題に真正面から向き合う！

四六上製　三四四頁　**二八〇〇円**
（二〇〇六年一二月刊）
◇978-4-89434-552-2

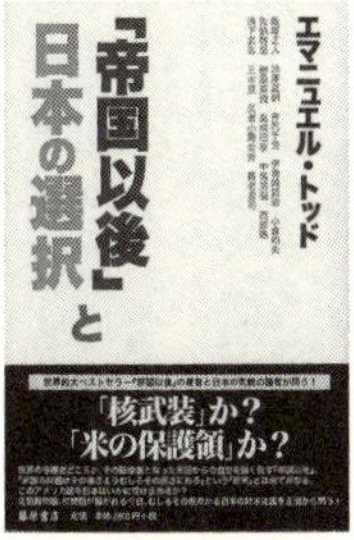

「文明の衝突は生じない。」

文明の接近

〈「イスラーム vs 西洋」の虚構〉

E・トッド、Y・クルバージュ
石崎晴己訳

「米国は世界を必要としているが、世界は米国を必要としていない」と喝破し、現在のイラク情勢を予見した世界的大ベストセラー『帝国以後』の続編。欧米のイスラーム脅威論の虚構を暴き、独自の人口学的手法により、イスラーム圏の現実と多様性に迫った画期的分析！

四六上製　三〇四頁　**二八〇〇円**
（二〇〇八年二月刊）◇978-4-89434-610-9

LE RENDEZ-VOUS DES CIVILISATIONS Emmanuel TODD, Youssef COURBAGE

トッドの主著、革命的著作！

世界の多様性

〈家族構造と近代性〉

E・トッド
荻野文隆訳

弱冠三二歳で世に問うた衝撃の書。コミュニズム、ナチズム、リベラリズム、イスラム原理主義……すべては家族構造から説明し得る。「家族構造」と「社会の上部構造（政治・経済・文化）」の連関を鮮やかに示し、全く新しい世界像と歴史観を提示！

A5上製　五六〇頁　**四六〇〇円**
（二〇〇八年九月刊）◇978-4-89434-648-2

LA DIVERSITÉ DU MONDE Emmanuel TODD

日本の将来への指針

デモクラシー以後

〈協調的「保護主義」の提唱〉

E・トッド
石崎晴己訳・解説

トックヴィルが見誤った民主主義の動因は識字化にあったが、今日、高等教育の普及がむしろ階層化を生み、「自由貿易」という支配層のドグマが、各国内の格差と内需縮小をもたらしている。ケインズの名論文「国家的自給」（一九三三年）も収録！

四六上製　三七六頁　**三二〇〇円**
（二〇〇九年六月刊）◇978-4-89434-688-8

APRÈS LA DÉMOCRATIE Emmanuel TODD

自由貿易推進は、是か非か!?

自由貿易は、民主主義を滅ぼす

E・トッド
石崎晴己編

「自由貿易こそ経済危機の原因だと各国指導者は認めようとしない」「ドルは雲散霧消する」「中国が一党独裁のまま大国化すれば民主主義は不要になる」——米ソ二大国の崩壊と衰退を予言したトッドは、大国化する中国と世界経済危機の行方をどう見るか？

四六上製　三〇四頁　**二八〇〇円**
（二〇一一年一二月刊）◇978-4-89434-774-8